KB208471

목사님, 이것이 궁금해요!

Pastor, I have a question!

목사님, 이것이 궁금해요

초판1쇄인쇄	2020년 10월 20일
초판1쇄발행	2020년 10월 30일

지 은 이	박형용
발 행 인	정창균
펴 낸 곳	합동신학대학원출판부
주 소	16517 수원시 영통구 광교중앙로 50 (원천동)
전 화	(031)217-0629
팩 스	(031)212-6204
홈 페 이 지	www.hapdong.ac.kr
출 판 등 록 번 호	제22-1-2호
인 쇄 처	예원프린팅 (031)902-6550
총 판	(주)기독교출판유통 (031)906-9191

ISBN 978-89-97244-86-7 (03230)
값은 뒷표지에 있습니다
잘못된 책은 교환해 드립니다

「이 도서의 국립중앙도서관 출판예정도서목록(CIP)은 서지정보유통지원시스템
홈페이지(http://seoji.nl.go.kr)와 국가자료종합목록 구축시스템(http://kolis-net.
nl.go.kr)에서 이용하실 수 있습니다. (CIP제어번호 : CIP2020042600)」

목사님, 이것이 궁금해요!

박형용 지음

40가지 질문으로 이해하는
신앙생활의 궁금증

합신대학원출판부

서언

성도들은 신앙생활 하면서 이런저런 궁금증을 가지게 마련이다. 그런데 이런 궁금한 주제들에 대해 누구에게 물어봐야 할지 황당할 때가 있다. 본 저자는 본서에서 이처럼 성도들이 궁금해 할 수 있는 주제들을 골라 그에 대해 성경의 교훈에 부합되는 답을 설명해 보려고 했다. 물론 어떤 주제에 대해 다른 견해를 가지고 있는 성도들도 있을 것이다. 성경은 한권이지만 여러 교단이 있고 서로 다른 교리를 믿는다는 사실을 인정할 때 충분히 이해할 수 있다. 중요한 것은 예수 그리스도를 구주로 믿고 그의 죽음과 부활이 우리를 위한 구속 사건이라고 믿는 성도라면 모두 하나님의 백성이요 한 가족이라는 사실이다. 하지만 본서에서 제공된 질문에 대한 답은 개혁주의적인 관점으로 성경을 해석한 결과임을 밝혀둔다.

본 저자는 본서에서 고려할 전체 주제의 숫자를 40으로 정했다. 특별한 이유는 없지만 굳이 이유를 대자면 본 저자가 성경을 읽으면서 하나님이 40이란 숫자를 많이 사용하신 것을 발견했기 때문이다.

예를 들면, 노아 홍수가 40주야 계속된 점(창 7:7), 모세가 시내 산에서 십계명 받기위해 40일을 기다린 사건(출 24:18), 열 두 지파의 정탐꾼들이 40일 동안 가나안을 정탐한 사건(민 14:34), 이스라엘 백성이 40년 동안 광야 생활을 한 사건(행 7:36), 예수님이 40일 동안 금식하신 사건(마 4:2), 예수님이 부활체로 40일 동안 지상에 계신 사건(행 1:3) 등 성경은 중요한 사건을 40이란 숫자와 연계하여 설명한다. 성경이 정확무오한 하나님의 말씀이기에 하나님이 숫자 40을 자주 활용하셨다고 생각하는 것은 타당하다. 그래서 각 항목에 10개의 질문을 만들어 전체 40개의 질문을 만들어 보았다. 각 항목에 배열된 10가지 제목의 질문도 완전 수 10을 생각하며 정한 것이다.

본서의 출현은 이정현 박사(소망교회 담임목사)의 공로가 크다. 본서의 주제 중 거의 절반이 되는 부분이 이 박사의 부탁으로 시작된 것이다. 이 박사의 이런 부탁이 없었더라면 본서는 빛을 보지 못했을 것이다. 이정현 박사에게 감사의 마음을 전한다.

본 저자의 소원은 본서를 통해 성도들이 신앙생활을 하는 가운데 발생할 수 있는 궁금증을 조금이라도 해소하고, 하나님의 크고 깊으신 구속역사의 뜻을 이해하며, 하나님이 기뻐하시는 거룩한 산 제물로서의 생활을 이어나갈 수 있게 되는 것이다. 끝으로 본서의 소제목들을 매끄럽게 정리하는데 도움을 준 정창균 총장과 본서를 아름답게 디자인해 준 김민정 선생과 정성스럽게 교정을 해 준 강승주 목사에게 심심한 감사를 표한다.

2020년 9월
하늘을 받들면서 사는 동네 (봉천동)에서
관악산을 바라보면서
박형용

2부   성도들의 구원에 관해

3부 예배의식에 관해

1부
성경에 관해

1. 원죄가 정말 존재하나요?

하나님이 세상을 창조하시고 인간을 창조하실 때는 죄가 세상에 존재하지 않았다(창 1장, 2장). 그런데 아담과 하와가 "선악을 알게 하는 나무의 열매는 먹지 말라"(창 2:17)는 하나님의 명령에 순종하지 않으므로 죄가 세상에 들어오게 되었다. 그러면 아담과 하와의 죄를 원죄로 규정할 수 있는가? 로마서 5:12은 "이러므로 한 사람으로 말미암아 죄가 세상에 들어오고 죄로 말미암아 사망이 들어왔나니 이와 같이 모든 사람이 죄를 지었으므로 사망이 모든 사람에게 이르렀느니라"(롬 5:12, 개역개정)고 가르치고, 또한 "**한 사람**의 범죄를 인하여 많은 사람이 죽었은즉 더욱 하나님의 은혜와 또한 **한 사람** 예수 그리스도의 은혜로 말미암은 선물은 많은 사람에게 넘쳤느니라"(롬 5:15, 개역개정)고 가르친다. 이상의 성경 말씀은 한 사람 아담(Adam) 때문에 죄가 세상에 들어 온 것을 확인하고, 그 해결도 한 사람 예수 그리스도(Jesus Christ)가 성취할 것임을 확실하게 증언한다. 성경은 아담의 죄 때문에 사망이 모든 사람을 그 희생물로 삼고 있는 것처럼 "한 의로운 행위로 말미암아 많은 사람이 의롭다 하심을 받아 생명에 이르렀느니라"(롬 5:18, 개역개정)고 선언한다. 이 말씀은 모든 사람이 죄인이 되어 사망에 이르는 이유가 아담의 죄로 인한 결과라고 가르친다. 성경은 확실하게 원죄(the original sin)를 가르치지만 예수 그리스도 안에서 소망이 있음을 가르친다.

그런데 어떤 이는 인간의 사망은 원죄 때문이 아니요 자기가 스스로 지은 자범죄 때문이라고 주장한다. 그들은 아담의 죄가 모든 사람을 죽게 하는 죽음의 원인임을 반대하지는 않지만 실제로 사람이 죽는 것은 자신이 지은 죄 때문이라고 생각한다. 그들의 주장은 사람이 죽는 것은 아담이 맨 처음 죄를 짓기 시작했기 때문에 아담의 죄가 원인이기는 하지만 사람이 죽는 것은 자신이 지은 자범죄 때문이라는 것이다. 이런 주장을 한 사람이 펠라기우스(Pelagius: c.360-c.420)라는 학자이다. 펠라기우스는 인간의 의지(will)로 선과 악을 자유롭게 선택할 수 있다고 말하고, 하나님께서 인간이 할 수 없는 것을 강요하시지 않는다고 주장한다. 그는 죄를 이해할 때 행위의 질(the quality of an action)을 근거로 이해하고, 영혼의 상태(the condition of the soul)로 이해하지 않는다. 그래서 사람은 원래 악인이 되었기 때문에 죽는 것이 아니요, 자신의 행위로 악을 선택하므로 죽게 되는 것이라고 주장한다.

그러나 "의인은 없나니 하나도 없으며"(롬 3:10)라는 말씀이나 "율법의 행위로써는 의롭다 함을 얻을 육체가 없느니라"(갈 2:16)는 말씀은 모든 인간이 태어날 때부터 죄인임을 증언한다. 다윗(David)이 "내가 죄악 중에서 출생하였음이여 어머니가 죄 중에서 나를 잉태하였나이다"(시 51:5, 개역개정)라고 고백한 것은 인간이 태어날 때부터 죄인임을 증언한다. 아담의 범죄 이후 인간의 영혼의 상태가 타락되었기에 이 세상에 의인은 하나도 없다는 것이 성경의 가르침이다. 성경은 아담이 그의 원래 의를 잃었기 때문에 우리 모두가 이 전적 타락을 유산으로 받았음을 명확히 한다. 이것이 아담이 그의 후손에게 전해줄 수 있는 모든 것이었다.

성경은 죄 문제와 사망의 문제를 다룰 때 아담과 그리스도를 비교하여 설명한다(롬 5:15,17; 고전 15:45-49). 아담은 인류의 대표자로 죄를 지어 사망을 가져왔고, 그리스도는 믿는 자의 대표자로 영생을 제공해 주신다. 아담의 죄는 유일하고 우주적인 의의를 가진 죄이기 때문에 우리가 범하는 실제적인 자범죄와는 같지 않다. 만약 모든 사람이 지은 각자의 죄책에 대해 책임이 있는 것을 지적하기 원했다면 왜 바울이 아담과 그리스도를 비교했겠는가? 바울은 우리들의 내재적이요 유전적인 타락을 가르치고 있다.

그러면 원죄를 어떤 상태의 죄라고 설명할 수 있는가? 이 질문의 답을 종교 개혁자 칼빈(Calvin)과 루터(Luther)의 말로 대신하는 것이 좋을 것 같다. 원죄에 관한 칼빈의 논리를 들어보자. 칼빈은 "우리는 아담이 우리의 원조였을 뿐만 아니라 말하자면, 인간 본성의 뿌리임으로 그의 타락 안에서 모든 인류는 부패되는 것이 마땅하다고 확실하게 주장해야 한다."라고 말하고, 계속해서 "우리는 아담 안에서 죽었다. 아담은 죄를 지음으로 스스로 불행과 멸망을 자초했을 뿐만 아니라 우리들의 본성을 파멸로 빠뜨렸다. 이렇게 된 것은 우리와 전혀 관계되지 않은 그 자신 홀로의 죄책 때문이 아니라, 그가 타락한 부패로 그의 모든 후손들을 감염시켰기 때문이다.”(John Calvin, *Institutes*, Book II, Chapter 1, Verse 6)라고 정리한다. 루터는 원죄를 “몸과 영혼의 모든 능력의 상실”(the loss of all his powers of body and soul), “외적인 완전과 내적인 완전의 전체적인 상실,” “악을 향한 내재적인 경향과 소원,” “선에 대한 혐오감,” “빛과 지혜에 대한 반감,” “잘못과 어두움에 대한 사랑,” 그리고 “선한 일로부터는 도피하고 악한 일은 찾아나서는 성향” 등을 합친 것이라고 정의한다. (Martin Luther, *Commentary on the Epistle to the Romans*, Grand Rapids: Zondervan, 1962, p. 79.) 루터의 정의는 원죄와 관련하여 “선의 부재”의 관점에서가 아니라 “악의 현존”의 관점에서 이해해야한다. 그러므로 루터는 바울이 로마서 5:12에서 아담의 범죄로 인한 원죄를 분명하게 인정하며, 따라서 사람이 사망에 이르는 것은 원죄 때문임을 분명하게 밝히고 있다고 말한다. 성경은 원죄를 확실하게 가르치고 있다.

2. 성경은 정말 성령의 감동으로 쓴 책인가요?

성경의 영감은 우리가 소유하고 있는 성경 66권이 "성령의 감동하심을 받은 사람들이 하나님께 받아 말한"(벤후 1:21) 정확무오한 하나님의 말씀임을 인정하는 것이다. 성경의 영감 문제를 논할 때 중요한 성경 구절은 디모데후서 3:16과 베드로후서 1:20-21이다. 이 두 구절을 함께 고찰하면 성경이 어떻게 기록된 책인지를 알 수 있다. 바울은 "모든 성경은 하나님의 감동으로 된 것으로 교훈과 책망과 바르게 함과 의로 교육하기에 유익하니"(딤후 3:16)라고 가르친다. 본 구절의 "하나님의 감동으로 된"(데오프뉴스토스)이란 표현을 어떻게 이해할 것인지가 성경 영감 이해에 대단히 중요하다.

데오프뉴스토스(theopneustos)란 용어는 신약성경에서 단 한 번 사용된 단어(hapax legomenon)이다. 바울 사도는 이 용어를 사용하여 성경의 거룩한 본질과 성경의 신적인 기원, 그리고 성경의 능력을 설명하기 원했다. 그래서 바울은 이 용어를 "하나님의 숨결로 된"(God-breathed)이란 의미로 사용하고 있다. 이 용어는 성경 기록을 위한 성령의 행위를 묘사하고 있는데 그 뜻은 하나님의 창조적인 내뿜는 호흡에 의해 생성된 산물이 성경이라는 것이다. 하나님의 이런 행위 때문에 성경은 '하나님의 감동으로' 기록된 문서가 된다. 모든 성경의 기원과 내용이 하나님의 내뿜는 호흡, 즉 하나님의 성령으로부터 기인한다. 따라서 성경은 그 기원이 바로 하나님 자신으로부터이다. 성령 하나님이 성경 본문의 저자이신 것이다.

성경 영감에 관한 같은 교훈이 베드로후서 1:20-21에서도 나타난다. 베드로는 "먼저 알 것은 성경의 모든 예언은 사사로이 풀 것이 아니니 예언은 언제든지 사람의 뜻으로 낸 것이 아니요 오직 성령의 감동하심을 받은 사람들이 하나님께 받아 말한 것임이라"(벧후 1:20-21, 개역개정)고 가르친다. 원문의 뜻을 살려 번역하면 "먼저 알 것은 성경의 모든 예언은 사사로이 푼 것이 아니니"로 해야 한다. 베드로는 성경을 풀어야 할 독자들을 생각하며 이 말씀을 쓴 것이 아니요, 성경을 쓴 저자를 생각하며 이 말씀을 쓴 것이다. 베드로가 성경 저자를 생각하면서 썼다고 받을 때 베드로후서 1:20과 1:21의 흐름이 훨씬 논리적이요 뜻이 잘 통한다. 그런 관점에서 베드로후서 1:20을 번역하면 "성경의 모든 예언은 선지자 자신의 해석으로 나온 것이 아니니"(참조, NIV, RSV)라는 뜻으로 이해할 수 있고, 그렇게 번역할 때 베드로후서 1:21과 그 뜻이 잘 통한다. 베드로는 성경의 기원을 염두에 두고 본 구절을 썼다. 베드로는 거짓 선생들이 구약을 생각할 때 구약은 선지자들이 자신의 환상에 대한 자기 자신의 해석에 지나지 않는다는 잘못된 생각을 가지고 있기 때문에, 성경의 예언이 단순히 인간의 해석의 산물이 아닌 것은 저자들이 자신의 뜻이나 해석을 말한 것이 아니요 하나님의 영감에 의해 말했기 때문이라고 천명한다. 베드로는 여기서 성경의 신적 기원에 대해 말하고 있다. 본문 베드로후서 1:20에 사용된 "것이 아니니"(기네타이)는 기원을 나타내는 표현으로 부정사(헬라어 우: οὐ)와 함께 사용되어 성경이 선지자 자신들로부터 온 것이 아님을 증거한다.

베드로는 성경이 인간의 연구 결과나, 어떤 종교적인 경험의 산물이거나, 어떤 영적 문제에 대한 통찰력이 아니라고 말한다. 베드로는 성경이 영적인 전문가들의 권면이나 조언에 지나지 않는 그런 책이 아니라고 말한다. 심지어 베드로는 선지자들이 하나님의 영감 없이 해석한 내용이 있다면 그것도 성경이 아니라고 말한다. 성경은 '사람의 뜻'으로 된 것이 아니다. 이처럼 베드로후서 1:20은 성경이 될 수 없는 것을 먼저 언급한 후, 성경은 "성령의 감동하심을 입은 사람들이 하나님께 받아 말한 것"(벧후 1:21)이라고 말함으로 성경이 어떻게 기록되었는지를 밝히고 있다.

이처럼 성경은 "성령의 감동하심을 입은 사람들"이 "하나님께 받아" 기록한 하나님의 말씀이다. 그러므로 성경은 100% 하나님의 말씀이면서 100% 사람의 말인 것이다. 이는 성육신신 예수님이 신성 100%와 인성 100%를 소유하신 것과 같다.

성경 영감에 관한 디모데후서 3:16과 베드로후서 1:20-21을 종합해 보면, 우리가 소유한 성경은 하나님의 창조적인 내뿜는 호흡의 결과로 생성된 것이다. 하나님은 그의 성령으로 성경 저자들을 감동시키셔서 그들의 지식과 경험과 감정과 특성들을 철저하게 100% 활용하시면서도 그들이 기록한 내용이 하나님이 기록하기를 원하는 내용으로 나타나게 인도하신 것이다. 이처럼 우리가 소유한 성경은 하나님의 지혜로 특별하게 만들어진 하나님의 계시의 말씀이다.

여기서 우리가 주로 사용하는 번역 한글 성경에 관해 몇 마디 적는 것이 타당한 줄 안다. 한국교회는 몇 년 전에는 개역한글판을 주로 사용했었다. 그런데 현재는 대부분의 성도들이 개역개정판을 사용하고 있다. 각 나라마다 교회는 자기 나라의 언어로 번역된 성경을 사용하고 있다. 한국교회도 개역한글판, 개역개정판, 표준새번역판, 표준새번역개정판, 공동번역, 바른성경 등 여러 종류의 번역판을 가지고 있다. 그러나 우리가 주목해야 할 것은 모든 번역판 성경은 정확무오하게 영감된 성경이 아니라는 사실이다. 물론 번역판 성경도 하나님의 구속 계획을 이해하거나 구원을 받는 방법을 아는 데는 전혀 문제가 없다. 번역판 성경도 성경 원본에 가능한 충실하도록 번역하여 하나님의 뜻을 이해하고 실천하는 데는 부족함이 없다. 하지만 번역판 성경은 영감된 성경이라고 할 수 없다.

언어의 뜻은 영구할 수 없다. 세상의 어떤 언어도 변하지 않고 영존하는 경우는 없다. 언어가 시대의 흐름에 따라 그 뜻을 달리할 수 있고 또 새로운 의미로 사용될 수 있다. 성경의 원본은 성령의 감동으로 기록되어 변할 수 없지만 번역 성경은 시대의 흐름에 따라 언어의 뜻이 달라질 수 있음으로 대략 20여년 어간으로 새로운 번역이 등장해야 한다. 왜냐하면 성경 원어에 익숙하지 않은 일반 성도들이 자신이 살고 있는 시대의 언어로 번역된 성경을 읽을 때 성경 원본의 뜻을 더 정확하고 더 쉽게 이해할 수 있기 때문이다.

3. 성령 하나님을 어떻게 모독할 수 있나요?

성령모독죄는 성령훼방죄와 같다. 성령모독죄는 복음서에서 "누구든지 말로 인자를 거역하면 사하심을 받으려니와 성령을 모독하는 자는 사하심을 받지 못하리라"(눅 12:10; 참조 마 12:31-32; 막 3:29)라고 예수님께서 가르치신 교훈이다. 복음서의 세 구절이 성령모독죄를 설명하는 직접적인 구절이다. 그리고 히브리서 6:4-6(히 10:26 참조)과 요한일서 5:16은 간접적으로 성령모독죄를 설명하고 있다.

인간이 하나님이신 성령을 어떻게 모독할 수 있을까? 그것이 가능한 것은 성령 하나님이 인격을 가지고 계시기 때문이다. 성경은 성령을 묘사할 때 어떤 영향력이나 능력으로 묘사하지 않고 심성과 지성과 감정과 의지를 가지신 분으로 묘사한다(행 5:3, 9; 고전 2:11; 엡 3:3-5; 4:30; 히 2:4). 성령의 인격적인 특성은 성령과 삼위일체 하나님의 다른 위와의 관계에서도 나타난다. 성경은 성부와 성자를 인격적인 특성을 가지신 분으로 묘사하는데 성령의 사역을 성부와 성자의 사역과 연계하여 설명함으로 성령도 인격적인 특성을 소유하고 계시다는 것을 확실히 하는 것이다. 이렇게 성령이 하나님이시면서도 인격적인 특성을 가지고 계시기 때문에 인간이 성령을 모독할 수 있는 것이다(엡 4:30).

성령모독죄가 언급되는 성경의 문맥을 살펴보면 예수님은 성령모독죄를 한정시켜 구체적으로 설명하신다. 예수님은 사람의 모든 죄와 인자를 거역하는 죄는 사하심을 얻되, 성령을 모독하는 죄는 사하심이 없는 영원한 죄에 해당된다고 말씀하신다(마 12:31-32). 예수님께서 인자를 거역하면 사하심을 얻지만 성령을 모독하면 사하심을 얻지 못한다고 말씀하신 것은 성령이 예수님보다 더 우월하다는 뜻이 아니다. 어떤 사역이 성령의 사역인지 아닌지를 분간하는 것은 성령의 도움으로만 가능하기 때문에 예수님께서는 이렇게 말씀하신 것이다. 본문(눅 12:10)의 경우처럼 사람의 마음 상태가 성령의 사역을 사탄의 사역으로 돌릴 만큼 완악하게 되면 그는 성령과 아무런 관계도 갖지 못한 상태이다. 그리고 그런 상태에 있는 사람은 죄 용서함을 받을 수 없다.

그런데 예수님은 모든 일반적인 죄와 성령모독죄를 비교함으로 성령모독죄를 구체화시키며, 더 나아가서 인자를 거역하는 죄와 성령모독죄를 비교함으로 성령모독죄를 극히 제한적으로 규정하신다. 예수님께서는 자신이 가르칠 때 자신을 반대하는 일반적인 저항과 자신의 사역 가운데서 나타나는 성령의 사역에 대한 의도적인 왜곡을 구분하고 계신다. 성령모독죄가 언급되는 문맥을 살펴보면 성령모독죄가 예수님이 성령을 힘입어 귀신을 쫓아낸 사건과 연관하여 설명한다. 그런데 바리새인들은 이 사건이 예수님에 의해 성취된 것을 분명히 보고도 예수님이 귀신의 왕 바알세불을 힘입어 행한 사건이라고 의도적으로 왜곡시킨다(마 12:24). 이런 바리새인들의 죄를 의식하면서 예수님은 인자를 거역하면 사하심을 얻되 누구든지 성령을 거역하면 사하심을 얻지 못하리라고 언급하신 것이다.

이렇게 볼 때 예수님께서 말씀하신 성령모독죄는 단순히 성령의 본질과 연관되어 있지 않고, 성령께서 우리에게 주신 성령의 은혜의 표명과 연관되어 있음을 알 수 있다. 즉 성령의 사역이 너무도 명확하고 분명한데 그 사역을 사탄의 사역으로 돌리면 용서받을 수 없게 된다는 뜻이다. 성령모독죄는 성령의 사역이 명백히 드러나 있는데도 의지적으로 그 사실을 인정하려 하지 않고 비방하며 거절하는 죄를 가리킨다. 성령모독죄가 심각한 죄임에는 틀림없다. 왜냐하면 성령모독죄는 한 번 범하면 용서 받을 수 있는 길이 없기 때문이다.

성령모독죄의 심각성 때문에 성도들은 스스로 질문하게 된다. 혹시 내가 과거에 성령모독죄를 범하지는 않았을까? 다른 사람들에게 공개할 수 없는 심각한 죄를 범한 적이 있는데 혹시 그 죄가 성령모독죄에 해당하지 않을까? 우리는 성령모독죄에 관해 이와 유사한 여러 가지 질문들이 있다는 사실을 알고 있다.

먼저 확실히 할 것은 진정한 성도는 결코 명백한 성령의 사역을 사탄의 사역으로 돌리지 않는다. 하지만 우리는 누가 진정한 성도인지를 알 수 없다. 우리는 열매로 나무를 판단하듯이 나타난 행위로 사람을 판단한다. 성도가 성령모독죄를 범했는지 범하지 않았는지는 그 성도의 행위를 계속적으로 관찰할 때 어느 정도 짐작할 수 있다. 성도가 성령을 근심시키는 단계에서(엡 4:30) 성령을 거스르는 단계로 발전하고(행 7:51), 성령을 거스르는 단계에서 성령을 소멸시키는 단계로 발전하면(살전 5:19) 그것이 경계의 신호임을 알아야 한다.

그러나 어떤 성도가 자신이 성령모독죄를 지었을까 마음으로 염려한다면 그는 성령모독죄를 범하지 않았음이 확실하다. 알면서 지은 죄나 양심의 소리를 거스르고 지은 죄나 세상적인 판단으로 볼 때 간악한 죄를 범했을지라도 그런 죄는 용서함을 받을 수 있기 때문에 성령모독죄는 아니다. 왜냐하면 그런 죄를 지은 사람들도 회개의 가능성이 있으며 따라서 용서를 받을 수 있기 때문이다.

4. 성령 세례와 성령 충만은 어떻게 달라요?

　　성령 세례와 성령 충만을 이해할 때 혼동되는 것은 성경에서 "성령 세례"가 하나님의 구속역사 진행의 한 사건을 지칭할 때(행 1:5; 2:1-4) 사용되기도 하고, 또한 개인 성도의 구원 경험의 한 경험을 가리킬 때(고전 12:3)도 사용되기 때문이다. 누가는 "요한은 물로 세례를 베풀었으나 너희는 몇 날이 못 되어 성령으로 세례를 받으리라"(행 1:5)고 성령 세례를 언급하는데 여기에 사용된 "성령 세례"는 사도행전 2:1-4에 기록된 오순절 성령강림 사건을 가리킴에 틀림없다. 오순절 사건은 예수님의 죽음, 부활, 그리고 승천과 연계되어 발생한 단회적이고 유일한 사건이다. 그래서 예수님이 "내가 떠나가지 아니하면 보혜사(the Counselor)가 너희에게로 오시지 아니할 것이요 가면 내가 그를 너희에게로 보내리니"(요 16:7)라고 말씀하신 것이다. 그러므로 우리는 일단 오순절 사건(the Pentecost)을 "성령 세례" 사건으로 규정해야 한다. 우리는 오순절 성령 세례 사건을 구속역사 진행 중 단 한번만 있어야할 단회적인 사건으로 받아야 한다. 왜냐하면 오순절 성령 세례 사건은 예수님의 죽음은 물론 부활과도 연계되어 있기 때문이다. 우리가 오순절 성령 세례 사건의 반복을 주장하게 되면 예수님의 죽음과 부활의 반복도 함께 주장해야 하는 잘못을 범하게 된다.

그런데 성경은 개인 성도의 구원 경험 중 한 경험을 설명할 때도 "성령 세례"라는 표현을 사용한다. 이처럼 "성령 세례"라는 표현이 구속역사의 한 사건을 묘사하는데 사용되고, 동시에 개인 성도의 구원 경험을 묘사할 때도 사용되기 때문에 많은 혼란을 야기(惹起)한다. 바울은 "우리가 유대인이나 헬라인이나 종이나 자유인이나 다 한 성령으로 세례를 받아 한 몸이 되었고 또 다 한 성령을 마시게 하셨느니라"(고전 12:13, 개역개정)라고 가르친다. 이 말씀은 성도가 그리스도의 몸과 연합할 때 "성령 세례"를 받아 연합함을 분명히 한다. 그런데 성도가 그리스도의 몸과 연합할 때는 바로 그가 예수 믿고 중생(regeneration)하는 때이다. 따라서 성도의 구원 경험에 있어서 "성령 세례"는 단회적인 경험이요, 처음 예수 믿을 때 발생하는 경험이다. 다른 말로 정리하면, 성도의 구원 경험에 있어서 성도가 중생하는 순간, 성령의 인침을 받는 순간(엡 1:13; 4:30), 의롭다고 칭함을 받는 순간에 성령 세례도 받았다. 그러므로 성령 세례, 인침, 칭의 등의 용어는 성도들의 구원 받은 상태를 다른 관점에서 설명하는 것이다.

바울은 왜 고린도전서 12:13에서 중생, 칭의 등과 같은 용어를 사용하지 않고 "성령 세례"라는 표현을 사용했는가? 그 이유는 구약의 할례 제도가 신약의 세례 제도와 상응하기 때문이다. 구약의 할례가 이방인이 하나님의 백성의 일원이 되는 최초의 의식(ceremony)인 것처럼 신약의 세례는 개인 성도가 교회의 일원이 되는 최초의 구원 경험이다. 우리는 구약의 할례와 신약의 성령 세례의 관계에서 하나님의 일관된 계획을 보게 된다. 이미 언급한 것처럼 구약의 할례는 하나님의 백성이 되는 증표역할을 한다. 오순절 성령 세례는 신약교회가 세상으로부터 구별된 하나님의 백성들임을 확인하는 증표이고, 개인 성도가 받는 성령 세례는 한 사람이 죄 문제를 해결 받고 의로운 하나님의 백성이 되었음을 확인하는 증표이다. 그러므로 우리는 "오순절 성령 세례"는 구속역사적인 관점에서는 단회적인 사건을 가리키고, 개인 성도의 구원 경험의 관점에서는 칭의를 받는 순간, 중생하는 순간, 구원을 받는 순간을 가리키는 것으로 이해해야 한다. 성도들은 성경에서 사용된 성령 세례의 두 가지 용도를 바로 이해함으로 많은 혼란에서 벗어날 수 있다.

그러면 우리는 성령 세례와 가깝게 연계되어 사용되는 "성령 충만"을 어떻게 이해해야할 것인가? "성령 충만"은 이미 구원받은 성도 안에서만 나타날 수 있는 현상이다. 그러므로 "성령 충만"은 불신자와는 무관하다. 우리는 "성령 충만"을 생각할 때 인격체이신 성령 하나님이 인격체인 성도 안에 내주하고 있다는 사실에 근거하고 있음을 인식해야 한다(고전 3:16; 6:19). 성령은 하나님이시면서도 강제하시지 않고, 인격체인 사람의 복종을 통해서 그의 활동을 나타내신다. 성경은 "성령 충만"의 현상을 몇 가지로 정리한다.

첫째, "성령 충만"은 사람의 성품을 묘사할 때 사용되었다. 일곱 집사는 "성령과 지혜가 충만하여 칭찬 받는 사람"(행 6:3)들이었다. 일곱 집사 중에 특히 스데반 집사는 "지혜와 성령"이 충만한 사람으로 묘사된다(행 6:10; 7:55). 그리고 바나바도 "성령과 믿음"이 충만한 사람으로 묘사된다(행 11:24). 우리는 여기서 성경의 묘사 방법에 눈을 돌려야 한다. 성령에 충만한 일곱 집사와 스데반, 그리고 바나바를 묘사할 때 성경은 "성령과 지혜"(행 6:3,10) "믿음과 성령"(행 6:5; 11:24)이 충만한 자였다고 묘사한다. 이처럼 "성령 충만"은 특정인들의 성품을 묘사할 때 사용되었다. 이 말씀은 성도가 성령 충만함으로 그의 삶 속에 성령의 특별한 은사(gift)도 나타날 수 있지만 일반적으로 성도의 아름다운 성품 자체도 성령의 작품임을 증언하고 있다.

둘째, 성도는 계속적으로 "성령 충만"한 삶을 살 수는 있지만 그것은 거의 불가능하다. 그러나 성령은 어떤 특별한 사역을 성취하게 하시기 위해 성도를 일시적으로 "성령 충만"하게 하실 수 있다. 대제사장 앞에 선 베드로는 성령이 충만하여 "다른 이로써는 구원을 받을 수 없나니 천하 사람 중에 구원을 받을 만한 다른 이름을 우리에게 주신 일이 없음이라"(행 4:12, 개역개정; 행 4:31 참조)고 담대하게 복음을 선포했다. 바울은 "각 사람에게 성령을 나타내심은 유익하게 하려 함이라 어떤 사람에게는 성령으로 말미암아 지혜의 말씀을, 어떤 사람에게는 같은 성령을 따라 지식의 말씀을, 다른 사람에게는 같은 성령으로 믿음을, 어떤 사람에게는 한 성령으로 병고치는 은사를"(고전 12:7-9) 주셨다고 말한다. 이처럼 "성령 충만"은 성령의 인도를 받고 성령의 지시에 따라 살아가는 성도의 아름다운 성품을 묘사할 때 사용되기도 하고, 또한 "성령 충만"은 특별한 성령의 은사를 받게 되거나, 어떤 특별한 이적적인 사건의 발생과 연계되어 사용된다.

여기서 마무리하기 전에 분명히 해야할 점은 성령 하나님은 구약시대에도 역사하셨고, 계속해서 신약시대에도 역사하셨으며, 현재도 역사하고 계신다는 사실이다. 다만 성경은 성삼위 하나님이 구속역사를 진행하시면서 성부, 성자, 성령의 각 위가 필요에 따라 특별한 역사를 감당하신 사실을 강조하고 있다. 성부, 성자, 성령 삼위 하나님은 어제도, 오늘도, 내일도 항상 계신 하나님이시다.

5. 삼위일체를 어떻게 이해해야 하나요?

　　"삼위일체"(Trinity)는 성경에서 사용된 용어는 아니다. 우리는 성경 66권에서 "삼위일체"라는 용어를 찾을 수 없다. "삼위일체"라는 용어는 양태론(modalism)을 주장한 이단들과 변론하면서 터툴리안(Tertullian, 대략 220년경)이 처음으로 사용했다. "삼위일체"는 성부, 성자, 성령이신 하나님의 존재가 그 본질(essence)에 있어서는 하나요, 그 위격(person)에 있어서는 셋이라는 뜻이다. 그래서 성부, 성자, 성령 하나님이 한 하나님이시지만 성부는 1위 하나님, 성자는 2위 하나님, 그리고 성령은 3위 하나님으로 정리할 수 있다. "삼위일체" 교리가 정착을 하게 된 것은 성경이 하나님은 한 분이시고 성부, 성자, 성령으로 알려졌다고 교회가 인정한데서 기인된다. 이제 성경에서 성부, 성자, 성령 하나님에 대해 어떻게 묘사하는지 고찰해 보도록 하자.

　　성경은 창세기 1:2에서 "하나님의 영"이란 표현을 사용함으로 "하나님"과 "하나님의 영"의 존재를 인정하고 있고, 하나님이 인간을 창조하실 때(창 1:26) "하나님이 이르시되" 다음에 복수형으로 "우리"를 사용하신다. 그리고 바벨탑 사건을 설명할 때 "우리가 내려가서 거기서 그들의 언어를 혼잡하게 하여"(창 11:7)라고 역시 "우리"를 사용한다. 신약에서는 말씀으로 오신 예수님이 곧 하나님이라고 증거하며(요 1:1-3), 예수님은 "나와 아버지는 하나이니라"(요 10:30)고 예수님도 하나님이심을 증언하신다. 또한 예수님은 성령을 "아버지께서 내 이름으로 보내실 성령"(요 14:26)이라고 설명하시면서 그 성령을 가리켜 "다른 보혜사"(요 14:16)라고 표현하시므로 성령과 예수님 자신이 동등한 위치에 있음을 설명하신다. 또한 빌립(Philip)이 "주여 아버지를 우리에게 보여 주옵소서"(요 14:8)라고 질문할 때 예수님은 "나를 본 자는 아버지를 보았거늘 어찌하여 아버지를 보이라 하느냐"(요 14:9)라고 아버지와 예수님 자신이 하나이심을 확실하게 증언하신다. 그리고 부활하신 예수님은 "모든 민족을 제자로 삼아 아버지와 아들과 성령의 이름으로 세례를 베풀고"(마 28:19)라고 3위 하나님을 함께 언급했고, 바울은 "주 예수 그리스도의 은혜와 하나님의 사랑과 성령의 교통하심이 너희 무리와 함께 있을지어다"(고후 13:13, 개역개정)라고 역시 3위 하나님을 한 문맥에서 언급한다. 또한 베드로는 성도의 구원과 관계하여 "하나님 아버지의 미리 아심을 따라 성령이 거룩하게 하심으로 순종함과 예수 그리스도의 피 뿌림을 얻기 위하여 택하심을 받은 자들"(벧전 1:2, 개역개정)이라고 하나님 아버지, 예수 그리스도, 그리고 성령을 함께 언급하고 있다. 이처럼 성경은 성부 하나님, 성자 하나님, 성령 하나님이 삼위로 존재하신

한 분 하나님이심을 인정한다. 하지만 인간의 지혜로 "삼위일체"를 완전히 이해하기는 쉽지 않다. "삼위일체" 교리는 인간이 완전하게 이해할 수 없는 신비라고 생각할 수 있다.

"삼위일체"는 형식이 신비스럽고 자가당착적인 것 같지만, 그 교리는 성경의 교훈에 상충된 것은 아니다. 오히려 "삼위일체"는 성경에서 점진적으로 계시된 확실한 성경적 교리이다. 그러므로 "삼위일체" 교리는 성경 66권 전체의 계시를 통해서만 이해되어야 한다. 삼위일체 교리는 구약과 신약이 일관되게 가르치고 있으나 구약에서는 많은 부분 감추어진 상태로 묘사되고 신약에서는 명백하게 묘사된다. 어거스틴(Augustine)이 "구약 속에 신약이 감추어져 있고, 신약 속에서 구약이 밝혀진다."(The New is in the Old concealed, and in the New, the Old revealed.)라고 한 말은 "삼위일체" 교리에도 해당되는 명언이다(Augustine, *Questiones in Heptateuchum*, 2. 73). 워필드(Warfield)도 같은 관점에서 구약과 신약이 "삼위일체"를 어떻게 다루고 있는지 잘 설명해 준다. 워필드는 "구약성경은 호화롭게 가구를 비치했지만 조명이 어두운 방과 같다고 할 수 있다. 조명을 밝게 하는 것은 그 방에 전에 없던 것을 첨가하는 것이 아니다. 그러나 밝은 조명은 전에는 어슴푸레하게만 보였거나 전혀 인식할 수 없었던 방 안의 가구들을 선명하게 볼 수 있게 한다. 삼위일체의 신비는 구약성경에서는 밝혀지지 않았다. 그러나 삼위일체의 신비는 구약성경 계시의 근거가 되며, 구약성경 여기저기에 감추어져 있다. 따라서 구약성경의 계시는 뒤따라오는 더욱 충분한 계시에 의해서 교정되는 것이 아니라, 단지 완전하게 되고, 확장되고, 폭이 넓어진다."(B.B. Warfield, *Biblical Doctrines*. Edinburgh: Banner of Truth, 1988, pp. 141-142)라고 잘 정리해 준다.

에베소서 1장은 선명하게 구별하지는 않지만 성부, 성자, 성령의 사역을 구별하여 기록한다. 성부 하나님의 사역은 그리스도 안에서 예정과 선택을 하셨고(엡 1:3-6), 성자 하나님의 사역은 그의 십자가의 피로 구속을 완성하셨으며(엡 1:7-12), 성령 하나님의 사역은 예수님을 믿는 신자를 인치셔서 하나님의 백성으로 보증하시는 일을 하신다(엡 1:13-14). 삼위의 각 위는 구별된 사역을 하신다. 구원의 사역은 삼위일체의 세 위에 모두 공통으로 적용된다. 그러나 활동의 방법에 있어서는 아버지와 아들과 성령이 담당하는 다른 행위가 있다. 아버지는 창조하시고 섭리하시며, 아들은 타락한 창조를 회복시키시고 죄인들을 구속하시고, 성령은 중생시키시며 거룩하게 하시고 구속을 성도들에게 적용시키신다.

"삼위일체"는 하나님의 한 부분을 가리키지 않고, 역할의 한 부분을 가리키지도 않는다. "삼위"가 "일체"라는 개념은 하나님의 본질에서 그 통일성을 찾아야 하며, 하나님이 "삼위"라는 뜻은 신격의 다양성을 위격으로 설명할 때 사용하는 묘사이다. 인간적인 유추는 하나님의 본성의 비밀을 다 파헤치지 못한다. "삼위일체" 교리는 하나님의 신비스러운 특성 전체를 설명하지 못한다. 오히려, 삼위일체 교리는 우리가 넘어가서는 안 될 범위를 정해 준다. "삼위일체" 교리는 우리들의 유한한 반응의 한계를 규정해 준다. "삼위일체" 교리는 한 의미로는 하나님이 하나라는 성경적 계시와 다른 의미로는 하나님이 삼위를 가지셨다는 성경적 계시에 충실할 것을 요구한다. 좀 더 쉬운 표현을 빌린다면, "아버지는 아들이 아니다. 아버지와 아들은 서로 다른 위격이시다. 아버지는 성령이 아니다. 아버지와 성령은 서로 다른 위격이시다. 아들은 성령이 아니다. 아들과 성령은 서로 다른 위격이시다. 그러나 아버지, 아들, 성령은 한 하나님이시다."라고 표현해 볼 수 있다. 우리는 삼위일체 교리를 이해할 때 인간의 철학적인 사고를 사용하거나 논리적인 방법을 사용해서는 안 된다. 삼위일체를 온전하게 설명할 수 있는 어떤 유추도 없다. 예를 들면, 물이 얼음도 되고, 수증기도 된다는 유추나 한 인간이 아버지도 되고 남편도 되고 아들도 된다는 유추는 대단히 잘못된 유추이다. 삼위일체 교리는 오로지 하나님의 계시의 말씀인 성경의 내용이 허용하는 범위까지만 받아들이고 성경 밖에서 해답을 찾으려 해서는 안 된다.

6. 천국은 어떤 나라인가요?

복음서를 읽으면 "천국"(the kingdom of heaven)과 "하나님 나라"(the kingdom of God)가 함께 사용되고 있음을 알 수 있다. 그러면 "하나님 나라"와 "천국"은 같은 나라인가 다른 나라인가? 우선 하나님 나라와 천국은 같은 나라임이 확실하다. 그러면 왜 같은 나라를 두 표현으로 묘사했는가? 그 이유는 복음서를 받는 수신자들의 생각과 형편 때문이다. 마태복음은 주로 천국이란 용어를 사용하고 누가복음과 마가복음은 주로 하나님 나라를 사용하는데 그 이유는 마태는 유대인들을 염두에 두고 마태복음을 기록했기 때문이요, 누가와 마가는 이방인을 염두에 두고 누가복음과 마가복음을 기록했기 때문이다. 유대인들은 하나님이란 이름을 함부로 언급하는 것을 꺼려했기 때문에 마태는 그들의 감정을 자극하지 않고 복음을 전하기 위해 천국을 사용했고, 이방인들은 하나님이란 이름을 언급하는 일에 부담을 갖지 않았기 때문에 누가와 마가는 용어의 뜻이 더 분명한 "하나님 나라"를 사용한 것이다.

그러면 예수님이 가르치신 천국은 어떤 나라인가? 마태는 예수님께서 공생애 초기에 "회개하라 천국이 가까이 왔느니라"(마 4:17)

라고 말씀하신 것으로 기록하고, 마가는 "때가 찼고 하나님의 나라가 가까이 왔으니 회개하고 복음을 믿으라"(막 1:15, 개역개정)고 말씀하신 것으로 기록한다. 왜 예수님은 공생애를 시작하자마자 "하나님의 나라"를 선포하셨을까? 우리는 여기서 예수님이 하나님의 독생자로 이 땅에 오신 목적에 주목하여야 한다. 예수님은 "여자의 후손"(창 3:15)으로, "기름부음을 받은 자"(단 9:25-26) 즉 메시아로 이 땅위에 오셨다. 메시아가 어떤 삶을 살게 될 것인지는 이미 메시아의 탄생 700여 년 전에 이사야(Isaiah) 선지자를 통해 예언된 바 있다(사 53:1-9). 메시아는 고난의 삶을 살게 될 것이라고 예언되었다. 예수님은 구약이 예언한 메시아로 이 땅에 오신 것이다(요 1:41; 4:25-26).

예수님이 선포하신 "하나님 나라"는 훼손된 에덴동산의 회복을 넘어 더 완전한 하나님의 나라를 뜻한다. 나라(왕국)라는 개념은 세 가지 요소가 충족될 때 성립될 수 있다. 일반적으로 나라에는 통치자가 있어야 하고, 통치를 받는 백성이 있어야 하며, 그 백성이 살아갈 수 있는 땅이 있어야 한다. 에덴동산에는 통치하시는 하나님이 계셨고, 통치를 받는 백성인 아담(Adam)과 하와(Eve)가 있었으며, 또한 아담과 하와가 살고 있는 땅이 있었기 때문에 에덴동산을 가리켜 하나님의 나라라고 말할 수 있다. 그러나 에덴동산은 인간의 범죄로 인해 훼손될 수밖에 없었다.

예수님은 아담의 범죄로 훼손된 에덴동산을 회복하시고, 더 완벽한 하나님 나라를 설립하시기 위해 성육신하셨다. 바울은 "한 사람의 범죄를 인하여 많은 사람이 죽었은즉 더욱 하나님의 은혜와 또한 한 사람 예수 그리스도의 은혜로 말미암은 선물은 많은 사람에게 넘쳤느니라"(롬 5:15)라고 예수님이 아담의 잘못을 교정하시기 위해 오셨음을 분명히 한다. 우리는 원래 "이 세상 풍조를 따르고 공중의 권세 잡은 자를 따른"(엡 2:2) "본질상 진노의 자녀들"(엡 2:3)이었으나 하나님께서 그 큰 사랑을 인하여 우리들을 그리스도와 함께 살리셨고, 함께 일으키셨으며, 함께 하늘에 앉히셨다(엡 2:4-6). 그래서 이제 예수님을 믿고 예수님 안에 있는 성도들은 하나님 나라에 속한 백성인 것이다.

그런데 예수님은 하나님 나라를 선포하시면서 하나님 나라의 실현과 확장이 단계적으로 성취될 것임을 말씀하신다. 예수님은 제 1단계로 예수님의 초림부터 예수님의 부활까지 사이의 천국에 대해 말씀하시고, 제 2단계로 예수님의 부활부터 예수님의 재림까지 사이의 천국에 대해 가르치시며, 제 3단계로 예수님 재림 이후의 하나님 나라가 어떤 나라가 될 것인지를 가르치신다. 물론 예수님은 세 가지 천국을 가르치신 것이 아니고, 하나의 통일된 천국이 점진적으로 실현되고 있음을 가르치신 것이다.

예수님은 그의 초림부터 부활까지의 **제 1단계 기간** 동안에 사탄과 귀신을 쫓아냄으로(마 12:28), 복음 전파를 통해(눅 4:16-21), 병자들을 고치심으로(마 9:35), 그리고 예수님의 인격적인 임재를 통해(눅 17:20-21) 하나님 나라를 실현하고 확장하셨다. 복음서는 예수님의 통치의 영역이 확장됨으로 사탄의 통치 영역이 분쇄됨을 가르친다. 예수님은 산상보훈을 가르치시면서 첫 번째 교훈도 "천국이 그들의 것임이요"(마 5:3)라고 시작하고, 마지막 교훈도 "천국이 그들의 것임이라"(마 5:10)고 마무리하신다. 그리고 예수님은 비유를 사용하여 계속해서 천국의 특징을 가르쳐 주신다(마 13:11, 31, 47). 예수님의 부활부터 재림까지에 해당하는 **제 2단계 기간**의 하나님 나라 확장은 승천하신 예수님이 교회를 통해 실현하고 계신다. 교회는 예수님 재림 때까지 하나님의 말씀을 선포함으로 하나님 나라를 확장하는데 쓰임을 받고 있다. 교회는 하나님 나라와 동일시 될 수 없지만 세상에 나타난 왕국 표명의 일부라고 할 수 있다. 그래서 사도행전은 교회가 계속해서 하나님 나라를 선포했음을 강조하고 있다(행 8:12; 14:22; 19:8; 28:23, 31). 예수님의 재림 이후에 해당하는 **제 3단계**의 하나님 나라는 예수님의 재림으로 완성된 하나님 나라가 될 것이다. 성도들은 예수님의 재림 때에 완전한 하나님 나라를 상속받게 될 것이다(마 25:31-34). 완성된 하나님 나라는 범죄가 없고, 고통도 없고, 사망도 없는 완벽한 나라가 될 것이다. 에덴동산에서는 죄를 지을 수 있었지만 예수님 재림 후에 완성될 하나님 나라 안에서는 죄지을 가능성이 없게 될 것이다. 바울은 "하나님의 나라는 먹는 것과 마시는 것이 아니요 오직 성령 안에 있는 의와 평강과 희락이라"(롬 14:17, 개역개정)고 정의한다. 하나님은 이와 같은 완전한 하나님 나라를 성도들에게 주시기 위해 지금도 구속역사를 운영하고 계신다.

7. 예수님이 진짜 지옥을 방문하셨나요?

구원받은 성도가 교회생활을 한 기간이 어느 정도 되고 성경을 정독하는 성도라면 예수님이 죽으시고 부활하신 어간에 지옥을 방문하여 "옥에 있는 영"들에게 복음을 전하셨는지에 대한 궁금증을 가질 수 있다. 왜냐하면 우리들이 예배 시간에 고백하는 "사도신경"에는 "지옥에 내려가셨으며"가 포함되어 있지 않지만 모든 영어 번역의 사도신경(The Apostles' Creed)에는 "지옥에 내려가셨으며"(He descended into hell)가 포함되어 있기 때문이다. 만약 "지옥에 내려가셨으며"를 포함하여 "사도신경"의 인접된 부분을 번역하면, "본디오 빌라도에게 고난을 받으사, 십자가에 못 박혀 죽으시고, 장사되시고, 지옥에 내려가셨으며, 사흘 만에 죽은 자 가운데서 다시 살아나셨으며"로 정리해야 한다. 그리고 영어 번역이나 라틴어 번역의 "사도신경"이 "지옥에 내려가셨으며"를 구체적으로 명시하고 있는 이유는 베드로전서 3:18-19의 내용 때문이다. 베드로전서 3:18-19은 "그리스도께서도 단번에 죄를 위하여 죽으사 의인으로서 불의한 자를 대신하셨으니 이는 우리를 하나님 앞으로 인도하려 하심이라 육체로는 죽임을 당하시고 영으로는 살리심을 받으셨으니 그가 또한 영으로 가서 옥에 있는 영들에게 선포하시니라"(벧전 3:18-19, 개역개정)라고 읽는다. 베드로가 "육체로는 죽임을 당하시고 영으로는 살리심을 받으셨으니"라고 말한 뜻은 예수님의 "몸"(body)과 "영"(spirit)을 대칭시키기 위한 것이 아니고, "예수님의 성육신 기간의 생애"와 "예수님의 부활 이후의 생애"를 대칭시키고자 한 것이다. 그러므로 "영으로는"의 뜻은 예수님의 부활 이후의 영적인 존재 양태를 가리키는 것이다.

본 구절은 난해한 구절이다. 성경은 예수님이 그의 부활과 승천 사이 기간에 방문한 옥에 있는 영들이 노아의 홍수 때에 멸망한 불순종한 사람들이라고 설명한다(벧전 3:20). 이 말씀에 대한 해석이 학자들 사이에 의견의 일치를 보지 못한다. 어떤 이는 예수님이 직접 지옥을 방문하여 홍수 때부터 갇혀있는 죄인들의 영혼들에게 구원의 메시지를 선포했다고 주장한다(Clement of Alexandria). 어떤 이는 선재하신 그리스도께서 노아(Noah)를 통해 홍수 이전에 살았던 사람들에게 복음을 전했다고 주장한다(Augustine, Wayne Grudem, 1 Peter, Inter-Varsity Press, p. 158). 또 어떤 이는 그리스도께서 영으로 지옥을 방문하여 노아 홍수 이전에 회개하여 림보(Limbo: 지옥의 변방)에 갇혀있는 의로운 영들을 구조하셨다고 주장한다(Cardinal Robert Bellarmine). 벨라민 추기경의 견해는 가톨릭 교회의 지지를 받는 견해이다. 또 어떤 이는 예수님이 그의 죽음과 부활 사이에 타락한 천사들(즉 "하나님의 아들들"이 "사람의 딸들"과 결혼한 것으로 표현된 타락한 천사들, 창 6:2; 벧후 2:4; 유6)에게 복음을 선포하셨다고 주장한다(Friedrich Spitta). 이런 모든 주장은 베드로전서 3:18-19을 바로 해석한 답이라고 인정할 수 없다. 그 이유는 대부분 자신의 상상에 의지하여 조작된 견해로 성경적인 지지를 받지 못하기 때문이다. 성경은 어디에서도 예수님이 그의 부활과 죽음 사이에 지옥을 방문했다고 가르치지 않는다.

그러면 예수님이 죽으시고 부활하신 어간에 진정으로 지옥을 방문하여 그들에게 복음을 선포하셨는가? 우선 이 질문의 답은 "그렇지 않다," "예수님이 친히 지옥을 방문하시지 않았다"라고 말하는 것이다. 예수님이 지옥을 직접 방문할 이유가 전혀 없기 때문이다. 그렇다면 예수님의 지옥 방문을 인정하는 것처럼 읽히는 베드로전서 3:18-19을 어떻게 이해해야 하는가? 베드로는 "영으로는 살리심을 받으셨으니 그가 또한 영으로 가서"라고 기록한다. 원어의 표현으로 "영으로는 살리심을 받으셨다"는 표현은 바울의 고린도전서 15:45의 "살려주는 영"(pneuma zoopoioun: πνεῦμα ζῳοποιοῦν)이라는 표현에서 발견되는 같은 용어(zoopoietheis: ζῳοποιηθείς)이다. 이 용어는 예수님의 부활체와 연관되어 특별한 의미를 함의하고 있다. 예수님은 그의 부활을 통해 성육신 이전의 상태처럼 편재하실 수 있게 되었다. "살려주는 영"의 상태로 부활하신 예수님은 편재하실 수 있는 상태로 다시 진입하셨다는 뜻을 가지고 있다. 한글 개역개정은 베드로전서 3:19을 "그가 또한 영으로 가서 옥에 있는 영들에게 선포하시니라"로 번역한다. 그런데 본 절의 "그가"는 헬라어 "엔호"(en ho: ἐν ᾧ)로 되어 있다. 이 말씀은 부활하셔서 "살려주는 영"이 되신 예수님이 어떤 일을 하셨는지를 설명하고 있다. 예수님은 부활하신 후에 "살려 주는 영"이 되셨기 때문에 편재하실 수 있게 되었는데, 예수님의 죽음과 부활을 통해 성취하신 구속의 복음이 지옥을 포함한 모든 곳에 알려졌다는 뜻이다.

칼빈(Calvin)은 "그리스도의 지옥 방문"을 설명하면서, "나는 그리스도께서 그의 성령의 능력으로 그들에게(지옥에 갇혀있는 죽은 자들) 비추셔서, 그들이 오직 소망가운데서 맛보았던 은혜가 이제는 온 세상에 분명하게 보여졌음을 깨달을 수 있게 하셨다는 것을 기꺼이 받아들인다." 베드로서에 있는 구절도 이런 의미로 설명될 수 있다: "그가 또한 영으로 가서 옥에 있는 영들에게 선포하시니라(벧전 3:19). 문맥은 그 시간 이전에(역자 주: 그리스도의 부활이전) 죽은 신자들이 우리와 함께 동일한 은혜를 나누게 되었다는 것을 생각하도록 인도한다. 베드로는 그리스도의 죽음의 능력이 죽은 자들에게 까지도 침투되어 경건한 자들의 영혼이 간절히 기다려왔던 그 방문을 현재 눈으로 보는 기쁨을 칭송하고 있다. 반면에 악한 자들은 그들이 모든 구원으로부터 배제되었음을 더욱 분명하게 인식하게 되었다"(John Calvin, *Institutes*, Bk. 2, Chap. 16, Vs. 9)라고 정리한다. 칼빈의 베드로전서 3:18-19의 해석은 예수님이 옥을 직접 방문하셨다는 뜻이 아니요, 예수님의 죽음과 부활을 통한 구속 성취의 소식이 옥을 포함한 온 세상에 전파되었다는 뜻이라는 것이다.

그러므로 베드로전서 3:18-19을 근거한 예수님의 지옥 방문은 받아들일 수 없는 견해이다. 단지 베드로는 예수님이 그의 부활을 통해 인간의 죄 문제를 해결하시고 대적으로부터 승리하셨음을 전하기 원한 것이다. 예수님은 그의 부활을 통해 승귀하심으로 죽음을 정복하시고 승리하셨음을 갇혀있는 타락한 영들에게 선포하신 것이다 (Simon J. Kistemaker, *Peter and Jude* (NTC). Grand Rapids: Baker, 1987, p. 145). 베드로는 예수님의 부활을 통해 구속의 복음, 화목의 복음, 생명의 복음이 완성되었으며 지옥에 있는 영들도 이 사실을 알게 되었다는 것을 전하기 원한 것이다. 따라서 우리가 고백하는 사도신경의 "지옥에 내려가셨으며"는 실제로 예수님이 지옥을 방문한 것이 아니고, 구속성취의 소식이 지옥에도 전파되었다는 의미로 이해해야 한다. 어쩌면 한글 번역의 사도신경이 "지옥에 내려가셨으며"를 삭제한 것은 이런 오해를 불식시키는데 일조했다고 사료된다.

8. 선하고 능하신 하나님이 왜 악을 허용하실까요?

　　악(evil)의 존재는 증명할 필요가 없다. 우리는 항상 악에 둘러싸여 살고 있기 때문이다. 세상 어디에 가도 악이 존재하지 않는 그런 장소는 찾아볼 수 없다. 그래서 '우리는 왜 악이 이처럼 인간을 괴롭히는 세상에서 살 수밖에 없게 되었는가?'라고 질문을 하게 된다. 우리의 질문의 방향은 창조주이신 하나님에게로 향한다. 성경은 세상이 선하시고 전능하신 하나님의 창조물이라고 가르친다 (창 1:1, 31). 선하고 전능하신 하나님의 창조 속에 어떻게 악이 존재할 수 있게 되었는가? 우리는 철학자(philosopher)가 아닐지라도 이런 질문을 쉽게 할 수가 있다. 그래서 어떤 사람은 잘못된 논리를 사용하여 선하시고 전능하신 하나님은 악의 존재를 허용할 수 없는데 악이 분명히 존재하고 있으니 결국 선하시고 전능하신 하나님도 존재하지 않는다고 결론을 내리기도 한다. 이와 같은 논리는 그럴듯하게 보이지만 그 결론은 성급한 결론이요 잘못된 결론이다.

　　이와 같은 논리는 논리 자체에 문제를 안고 있다. 이런 논리는

"모든 혼자 사는 남자는 총각이다. 그러므로 이승만 대통령은 총각이 아니다."라고 말도 안 되는 논리를 세우는 것과 같다. 이런 문장은 논리라고 할 수가 없다. 이런 문장이 논리가 되려면, "모든 혼자 사는 남자는 총각이다. 이승만 대통령은 혼자 사는 남자가 아니다. 그러므로 이승만 대통령은 총각이 아니다"라고 말해야 한다. 이런 논리를 악의 문제와 연계시켜 전개하면, "이 세상에 악이 존재한다. 그러므로 선하시고 전능하신 하나님은 없다."라고 말하는 것은 올바른 논리가 아니다. 올바른 논리는 "악은 존재한다. 그런데 선하시고 전능하신 하나님은 악을 허용하실 수 없다. 그러므로 거기에는 무슨 타당한 이유가 있을 것이다."라고 말해야 한다. 하지만 우리는 이와 같은 논리에도 허점이 있음을 감지해야 한다. 왜냐하면 우리는 악의 문제와 관련하여 하나님의 행위를 논하고 있기 때문이다. 타락한 인간은 하나님의 마음과 행동을 완전하게 터득할 수가 없다. 인간과 하나님과의 관계를 다음과 같이 설명해 볼 수 있다. 만약 어떤 유명한 의학 전문 학자가 2019년과 2020년에 세계를 놀라게 하고, 한국을 떠들썩하게 만들었던 "코로나 19"(COVID 19) 전염병의 예방약과 치료약을 만들어 발표했다고 하자. 그런데 의학에 대해서는 전혀 문외한(門外漢)인 내가 그 약을 이해할 수 없다고 그 약이 좋지 않은 약이라고 단정할 수는 없는 것이다. 인간의 지식과 경험에는 한계가 있기 마련이다. 마찬가지로 전능하신 하나님이 악을 허용하시는 이유에 대해 타락한 인간이 하나님의 행위를 모두 이해할 수는 없다.

물론 악이 이 세상에 존재하는 것은 너무도 명백한 사실이다. 그러면 우리 앞에 존재하는 악을 어떻게 이해하고 악의 문제를 어떻게 접근하는 것이 올바른 방법인가? 우리는 결국 하나님의 말씀인 성경에 의존해야 한다. 계시의존사색(啓示依存思索)이라는 말이 여기에서도 적용된다. 성경은 하나님이 태초에 천지를 창조하시고 인간을 창조하시되 죄가 존재하지 않는 세상을 창조하셨다고 가르친다(창 1:1; 2:7-9). 하나님은 세상을 창조하신 후 "하나님이 지으신 그 모든 것을 보시니 보시기에 심히 좋았더라"(창 1:31)고 감정을 실어 표현하신다. 그러므로 하나님이 처음 창조한 에덴(Eden)동산에는 악이 존재하지 않았다. 오로지 창조주 하나님과 피조물 인간을 구분 지을 수 있는 선악과만 있었을 뿐이다. 우리는 창세기 1장과 2장에서 악의 존재를 찾을 수 없다.

그런데 첫 사람 아담(Adam)과 하와(Eve)가 하나님의 명령에 불순종하는 죄를 범함으로 거짓과 위선과 고통과 불신이 세상에 들어오게 되었고, 죄의 값은 사망이라는 진리를 증명이라도 하는 것처럼 (롬 6:23) 아담과 하와의 직계 손인 가인(Cain)이 그의 동생 아벨 (Abel)을 죽이는 일까지 발생하게 되었다(창 4:8). 노아(Noah)의 홍수 사건은 하나님이 인간들의 죄악을 얼마나 싫어하셨는지를 설명하는 사건이다. 성경은 "여호와께서 사람의 죄악이 세상에 가득함과 그의 마음으로 생각하는 모든 계획이 항상 악할 뿐임을 보시고"(창 6:5) 홍수로 사람들을 심판하셨다고 가르친다(창 7:23). 아담과 하와의 범죄는 온 세상을 죄로 물들게 만들었다.

이 경우 우리는 "왜 하나님이 죄를 지을 수 있는 아담과 하와를 창조하셨는가?"라는 질문을 할 수 있다. 그 이유는 하나님이 인간의 행복을 위해서 그렇게 하셨다고 말할 수 있다. 하나님은 인간이 피조물인 것을 인정하면서 생각하고, 느끼고, 선택할 수 있도록 창조하셔서 행복한 삶을 살게 하셨다. 하나님은 인간을 로봇(robot)으로 만드시지 않았다. 나는 점심식사로 된장찌개백반을 먹고 싶은데 자장면을 먹도록 명령받고 그렇게 해야만 하는 존재라면 행복하겠는가? 그런데 아담이 행복한 삶을 살도록 창조되었는데 피조물의 한계를 벗어나 범죄하고 만 것이다.

이 시점에서 우리는 "선하시고 전능하신 하나님이 악의 문제를 해결할 수 있는 다른 방법을 갖고 계시지 않았을까?"라는 질문을 하게 된다. 이 질문에 대한 답은 인간인 우리는 그 답을 알 수 없다는 것 이외에 다른 말을 할 수가 없다. 그러나 하나님은 아담과 하와가 죄를 짓자마자 "여자의 후손"(창 3:15)을 약속하시고, 그 약속을 지키시기 위해 독생자를 메시아(Messiah)로 보내셔서 인간의 죄 문제를 해결하시고, 죄를 지을 수 없는 세상인 신천신지(New Heaven and New Earth)를 그의 백성을 위해 준비하신다. 우리가 하나님께서 악이 없고, 저주가 없고, 사망이 없는 신천신지에서 하나님의 백성들이 영원히 성삼위 하나님과 교제하며 살 수 있도록 준비하신 계획을 이해하면, 하나님이 왜 악을 아직도 이 세상에 존재할 수 있도록 허용하신 뜻을 이해할 수 있게 된다(계 21:1; 22:1-5). 하나님은 인간이 죄를 범하자 더 이상 죄를 범할 수 없는 부활체를 예비해 두시고, 죄를 결코 범할 수 없는 그런 신천신지를 유업으로 주시기 위해 구속

역사를 진행하고 계신다. 선하시고 전능하신 하나님이시기에 이와 같은 원대한 구속 계획을 세우시고 죄 없는 신천신지를 그의 백성들에게 주시기 위해 잠정적으로 악을 허용하시는 것뿐이다. 그래서 사도 바울(Paul)은 "생각건대 현재의 고난은 장차 우리에게 나타날 영광과 비교할 수 없도다"(롬 8:18)라고 선언하고, 사도 요한(John)은 하나님이 "나는 알파와 오메가요 처음과 마지막이요 시작과 마침이라"(계 22:13, 개역개정)고 선언하신 것이다. 우리는 이와 같은 하나님의 원대한 구속계획을 전해 듣고 악의 문제를 해결하신 하나님을 찬양하는 것이다. 악은 인간의 타락으로 우리 가운데 존재하게 되었고, 선하시고 전능하신 하나님은 그의 주권적인 방법으로 완벽한 세상을 우리에게 주시기 위해 진행하고 계신 것이다. 그러므로 우리 가운데 존재하는 악은 잠정적인 것뿐이다.

9. 정경은 신구약 66권 뿐인가요?

하나님의 계시로서의 성경은 하나님의 구속적 행위의 역사적 과정을 기록한 것이 그 중심 내용이다. 그러므로 성경을 정당하게 취급하는 길은 성경의 계시적 성격과 역사적 성격을 함께 생각해야 한다. 성경의 계시적 성격은 성경이 어떻게 기록되었느냐에 관심을 갖는다. 성경은 하나님이 역사 안에서 인간들을 사용하여 그의 계시를 기록하게 하신 특별한 책이다. 성경은 성령 하나님이 성경 저자들을 영감시켜 잘못 없게 기록한 하나님의 계시의 말씀이다. 그러므로 성경은 객관적으로 성령의 감동으로 기록된 정확무오한 하나님의 말씀이다. 신약교회는 현재 구약 39권과 신약 27권, 전체 66권을 성령의 감동으로 기록된 정경으로 받고 있다.

그러면 어떤 방법으로 성경 66권이 정경(canon)으로 결정되었는가? 역사를 더듬어 보면 구약은 예수님 당시에 이미 교회의 정경으로 인정되었고, 신약은 AD 382년에 로마(Rome)에서 모였던 교회회의에서 신약 27권을 정경으로 받았고, 그 후 AD 393년 히포(Hippo)의 회의에서도 신약 27권을 정경으로 받았으며, AD 397년 칼타고(Carthage) 회의에서는 AD 382년 로마회의의 결정을 그대로 인준

했다. 이와 같은 결정과 함께 신약과 구약의 정경 문제는 일단락 되었다.

교회회의가 그들 앞에 있는 기록물들을 정경으로 결정하는데 몇 가지 기준이 있었음을 발견할 수 있다. 첫째, 교회회의는 사도성 (apostolicity)을 기준으로 정경을 결정했다. 즉, 열두 사도가 기록한 문서이면 그 기록을 정경으로 인정한 것이다. 왜냐하면 사도들은 예 수님께서 교훈하시고 행하신 모든 일에 대한 증인이기 때문이다. 물론 정경은 사도성의 맥락을 떠나서는 이해할 수 없다. 하지만 사도성을 정경의 기준으로 삼을 때 당장 문제가 되는 책은 마가복음, 누가복음, 사도행전, 히브리서, 야고보서, 유다서와 같은 성경이다. 이책들의 저자는 사도가 아니기 때문이다. 둘째, 교회회의는 고전성 (antiquity)을 기준으로 정경을 결정했다. 고전성은 신약성경에 포함된 책이 사도들이 아직 살아 있을 때 처음 기록한 것이냐를 근거로 정경을 결정하는 것이다. 그런데 고전성의 기준으로 삼을 때 문제가 되는 것은 "내가 너희에게 쓴 편지에 음행하는 자들을 사귀지 말라"(고전 5:9)고 쓴 내용에 비추어 볼 때 바울은 고린도전서를 쓰기 전에 이미 고린도교회에 음행에 관한 편지를 먼저 썼다. 그런데 현재 우리가 소유한 정경에는 음행에 관한 편지는 포함되어 있지 않다는 것이다. 셋째, 교회회의는 보편성(universal acceptance)을 기준으로 정경을 결정했다. 보편성의 기준은 교회 내에서 보편적으로 수납된 책을 정경으로 결정하는 원리이다. 이는 특정의 성경이 공적예배에서 얼마나 자주 읽혀졌으며 또한 얼마나 광범위하게 읽혀졌느냐를 기준으로 정경을 결정하는 원리이다. 그런데 보편성을 기준으로 할 때 문제가 되는 것은 "열두 사도의 교훈," "목양자"등이 베드로후서, 요한삼서, 유다서보다 더 자주 읽혀졌으나 "열두 사도의 교훈"(Didache)과 "목양자"(The Shepherd)는 정경에서 빠지고, 베드로후서, 요한삼서, 유다서는 정경에 포함되었다는 사실이다. 넷째, 성령의 영감(inspiration)을 정경 결정 기준으로 삼는 시도가 있었다. 물론 정경 속에 영감되지 않은 기록이 포함될 수 없다. 그러므로 정경과 성령의 영감은 분리해서 생각할 수 없다. 그런데 성령의 영감을 정경 결정의 기준으로 삼을 때 문제가 되는 것은 현재의 성경을 포함하여 더 많은 기록들이 성령의 영감으로 기록되었는데 그 모든 기록들이 정경에 포함되지 않았다는 사실이다. 그러므로 영감은 정경의 본질에 있어서 절대적인 것이지만 정경 결정의 기준으로 삼기에는 문제가 있는 것이다(박형용, 『신약정경론』, 수원: 합신대학원출판부, 2002, pp. 94-105 참조).

그러면 정경 형성을 우리는 어떻게 이해해야 하는가? 우리는 먼저 정경이 하나님의 특별하신 말씀이라는 사실을 인정해야 한다. 정경을 결정하는 일은 정경에 포함되어 있는 책들이 하나님의 말씀이라고 결정하는 행위이다. 여기서 가장 심각한 문제는 어떤 책을 정경으로 포함시키는 기준을 정하는 능력이 누구에게 있느냐 하는 것이다. 누가 "정경을 결정할 수 있는 기준이 무엇이다"라고 말할 수 있는가. 죄인인 인간이 임의로 기준을 설정하여 정확무오한 하나님의 말씀을 정경에 넣고 또 넣지 않는 일을 할 수 없는 것이다. 인간인 우리 중 누가 감히 "이 책은 하나님의 말씀이다," "저 책은 하나님의 말씀이 아니다."라고 결정할 수 있는가? 성경을 영감시켜 기록하게 하실 때 하나님은 특별한 방법을 사용하셨다. 그런 다음 역사의 주인이신 하나님이 이제 너희들이 마음대로 골라서 쓰라고 내버려 두셨겠는가? 하나님은 사도성, 고전성, 보편성, 영감론 등을 모두 활용하셔서 기록하실 때 그들을 영감시키신 것처럼 정경을 결정할 때도 인간을 사용하시고 교회회의를 사용하셔서 현재 66권의 정경을 신약교회에 주신 것이다. 그러므로 성경 66권을 영감된 말씀으로 기록되게 하신 이도 하나님이시요, 성경 66권을 교회의 정경으로 모아 주신 이도 하나님이신 것이다. 따라서 하나님은 성경 66권을 교회에 정경으로 주셨고, 하나님이 정경의 저자이시라고 말할 수 있다.

10. 칠십인경(LXX)이란 어떤 책이예요?

신구약 성경과 관계된 언어는 세 개의 언어로 구약을 기록한 히브리어, 아람어(시리아어)와 신약을 기록한 헬라어이다. 구약은 모세(Moses)로부터 말라기(Malachi)까지 대략 BC 1446년부터 425년에 이르는 1,000년의 기간 동안에 기록된 것이다. 그런데 구약은 대부분 히브리어로 기록되었고, 아람어(예: 단 2:4-7:28)가 약간 사용되었다.

칠십인경(LXX)은 이스라엘 백성이 외국의 침략을 받은 역사와 무관하지 않다. 이스라엘은 BC 930년 솔로몬(Solomon) 왕 시대에 북이스라엘(BC 930-722)과 남유다(BC 930-586)로 분열된다. 이스라엘이 북이스라엘과 남유다로 분열된 이유는 창조주 하나님을 버리고 우상을 숭배하고 하나님의 법도와 율례를 지키지 않았기 때문이다 (왕상 11:4, 6, 38). 그리고 특별히 르호보암(Rehoboam)이 어른들의 지혜를 묵살하고 자기와 함께 자란 어린 사람들의 말을 들은 것이 직접적인 원인이 되었다(왕상 12:6-11). 결국 여로보암(Jeroboam)은 10지파와 함께 북이스라엘을 세웠고, 르호보암은 유다와 베냐민 두 지파와 함께 남유다를 세웠다(왕상 12:21). 그런데 북이스라엘은 BC

722년 호세아(Hoshea) 왕을 마지막으로 앗수르(Assyria)의 살만에셀 5세(Shalmanezer V)에 의해 멸망되고(왕하 18:9-12) 남유다만 유일하게 남게 된다. 그리고 북이스라엘을 멸망시킨 앗수르는 BC 612년 바벨론-메대 연합군에 의해 멸망되고, 강대해진 바벨론은 계속 남유다를 괴롭혔다. 결국 남유다는 마지막 왕 시드기아(Zedekiah)의 통치 때인 BC 586년에 바벨론 왕 느부갓네살(Nebuchadnezzar) 왕에 의해 멸망하기에 이른다(대하 36:11-20). 이때로부터 이스라엘의 70년(BC 586-516) 포로생활이 시작된다. 그런데 강대해진 바벨론도 BC 539년 페르시아(Persia) 왕 고레스(Cyrus)에 의해 멸망된다. 그리고 페르시아는 다리우스 3세(BC 336-330) 때에 헬라의 알렉산더(Alexander) 대왕에 의해 멸망된다. 그 후 이스라엘 백성은 헬라(Greek)의 통치를 받았고(BC 330-166), 잠시 하스모니안 통치 기간(BC 166-63)을 거친 다음, 로마(Rome)의 통치(BC 63-AD 476)를 받았다.

그런데 헬라의 알렉산더 대왕은 헬라의 언어와 문화를 잘 정착시키는데 큰 역할을 하였다. 헬라의 알렉산더 대왕의 영향으로 헬라어가 여러 곳에서 통용되고 있었다. 오랜 세월 동안 다른 나라의 통치를 받고 있었던 이스라엘 백성은 그들의 자녀들이 점점 히브리어를 활용할 수 없는 형편에 처하게 되자 히브리어로 기록된 구약성경을 헬라어로 번역해야할 필요를 느끼게 되었다. 이스라엘 백성은 성전 중심, 말씀중심의 삶을 중요하게 생각한 백성이었기에 더욱 더 이런 필요를 느끼게 되었다.

비록 확실하게 믿을 수는 없지만 아리스테아스의 편지(Letter of

Aristeas)에 따르면 필라델푸스(Philadelphus)의 톨레미 2세(Ptolemy II, BC 285-246)의 요청으로 그 당시 예루살렘의 대제사장이었던 엘리아자르(Eleazar)가 번역자들을 알렉산드리아(Alexandria)로 보냈다는 기록이 남아 있다. 70인경은 헬라어가 그 지역에서 국제 혼성어(lingua franca)로 자리 잡고 있을 때 애굽에 살고 있는 유대 공동체가 사용할 수 있도록 번역된 듯하다. 전통에 의하면 72명의 유대인 학자들이 대략 70일 동안 구약 히브리어를 헬라어로 번역했다고 전한다. 왜 72명의 학자들이 참여했는가? 그 이유는 이스라엘의 12지파에서 각 지파 당 6명씩 번역에 참여하였기 때문에 72명이 된 것이다. 70인경이라는 명칭은 라틴어의 70(septuaginta)에서 왔는데 비록 번역자가 72명이었을지라도 편의상 70인 역이라고 칭하게 된 것이다.

70인경은 BC 250년경(BC 3세기 중반) 먼저 모세오경이 번역되었고, BC 150년경(BC 2세기)에 나머지 구약이 번역되었다. 이와 같은 시간차 때문에 70인경은 사실상 모세오경의 번역과 나머지 구약의 번역사이에 문체와 용법에 많은 차이를 나타내고 있다. 70인경 번역자들은 히브리어 구약 성경에 없는 자료들을 첨가하여 번역하기도 했다. 70인경 중 가장 잘 번역된 부분은 모세오경(the Pentateuch)이요 가장 좋지 않게 번역된 책이 이사야서(Isaiah)라고 전해진다. 그러므로 히브리어로 기록된 구약성경은 영감된 정확무오한 하나님의 말씀이지만 히브리어 구약성경을 헬라어로 번역한 70인경(LXX)은 영감되지 않은 유오한 번역인 것이다. 70인경은 영감되지 않은 번역본으로 정확무오하다고 할 수 없다. 역사적으로 보면 오리겐(Origen, AD 185-254)이 70인경의 잘못된 번역을 교정하기 위해 많은 노력을 기울이기도 했다.

　그런데 신약성경 저자들이 구약을 인용할 때는 70인경에서 인용한 경우가 허다하다. 신약 저자들이 70인경에서 여러 차례 인용했기 때문에 어떤 이는 그 이유를 근거로 70인경의 무오성과 권위를 주장하기도 한다. 하지만 70인경 자체의 많은 결함은 오히려 70인경이 단순히 인간의 번역에 지나지 않음을 증거한다. 반대로 우리는 신약성경 저자가 영감되지 않고 유오한 70인경을 인용했기 때문에 신약성경 속에 오류가 있을 수밖에 없지 않겠느냐는 질문을 할 수 있다. 하지만 이런 질문은 성경의 영감 문제를 바로 이해하지 못한 상황에서 나온 잘못된 질문이다. 우선 신약을 기록한 저자들은 구약을 기록한 저자들과 동등하다는 사실을 인정해야 한다. 그러므로 하나님이 신약성경 저자들을 영감시킬 때 그들의 지식, 감정, 성격, 경험 등 모든 것을 활용하여 오류가 없도록 신약성경을 기록하게 하셨다. 신약 성경저자가 영감된 상태에서 사용한 모든 자료는 성령의 특별한 역사로 잘못 없게 신약성경에 기록되도록 인도받은 것이다. 우리는 이런 영감의 방법을 유기적 영감(organic inspiration)이라고 부른다. 신약 저자들이 70인경을 인용할 때 필요할 경우 많은 수정을 가하여 인용한 것이 이를 뒷받침한다. 그러므로 신약성경 저자들이 히브리어 성경에서 인용하든, 히브리어 성경의 내용을 해석하여 인용하든, 70인경에서 인용하든 전혀 문제가 될 것이 없다. 성령 하나님은 신약성경 저자들을 적극적으로 영감시켜 그들이 어떤 자료를 사용하든지 잘못되지 않도록 인도하신 것이다. 그러므로 기록된 신약성경은 영감으로 기록된 정확무오한 하나님의 계시이다. 성도들은 히브리어 구약성경은 영감된 정확무오한 하나님의 말씀이지만 구약성경을 헬라어로 번역한 칠십인경은 영감되지 않은 번역임을 알아야 한다. 모든 번역은 인간의 작품으로 유오할 수밖에 없다. 그러므로 성도들은 구약을 이해할 때 히브리어 구약성경과 칠십인경 사이에 상충이 있을 때 히브리어 구약성경의 내용을 따라야 한다.

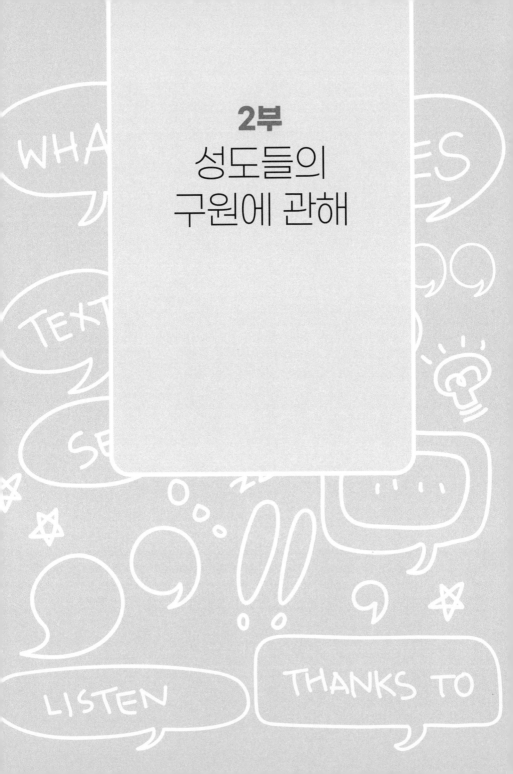

2부
성도들의
구원에 관해

1. 구원을 받는 방법이 몇 가지나 있나요?

우리의 구원은 우리 편에서 시작하지 아니한다. 우리의 구원은 하나님 편에서 시작한다. 성경은 성도들의 구원이 하나님의 사랑으로 시작되고 그리스도의 희생으로 성취된 것을 증언한다. 그래서 바울 사도는 "우리가 아직 죄인 되었을 때에 그리스도께서 우리를 위하여 죽으심으로 하나님께서 우리에 대한 자기의 사랑을 확증하셨느니라"(롬 5:8)고 말하고, "그리스도 예수 안에 있는 속량으로 말미암아 하나님의 은혜로 값 없이 의롭다 하심을 얻은 자 되었느니라"(롬 3:24, 개역개정)고 말한다.

하나님은 인간 스스로의 노력으로 죄 문제를 해결하고 구원받을 수 없는 것을 아시고 하나님의 방법으로 인간을 구원하시기로 계획을 세우시고 실행하고 계신다. 인류의 조상 아담(Adam)이 범죄했을 때 하나님은 메시아(Messiah)를 보내 주셔서 죄인 대신 고난을 당하게 하시고 죽게 하신 후 부활시키심으로 구속의 길을 열어 놓으셨다. 바로 그 메시아가 나사렛 예수 그리스도임을 성경은 확실하게 가르친다(마 1:23; 2:23). 이제 죄인은 예수 그리스도가 그를 대신해서 죄 문제를 해결해 주셨음을 믿고 예수님을 구세주로 인정하며 예수님의 죽음과 부활이 그를 위한 것임을 마음으로 믿고 입으로 시인하면 구원을 받게 된다(롬 10:9-10). 하나님은 공로의 방법으로가 아니라 믿음의 방법으로 구원의 길을 열어 놓으셨다.

그러면 예수님께서 성취하신 과거의 역사적 사실이 우리 자신을 위한 것임을 우리 스스로 믿을 수 있는가? 사람은 자기 자신의 의지로 예수님을 구주로 믿을 수 있다고 생각한다. 그러나 우리는 믿음도 하나님의 선물임을 알아야 한다. 성경은 "너희는 그 은혜에 의하여 믿음으로 말미암아 구원을 받았으니 이것은 너희에게서 난 것이 아니요 하나님의 선물이라"(엡 2:8)라고 가르친다. 우리의 믿음도 하나님의 선물이요, 우리의 구원도 하나님의 선물이다. 선물은 내가 만들어 낸 것이 아니요, 내가 다른 사람으로부터 받은 것이다. 그러므로 믿음과 구원은 우리가 하나님으로부터 선물로 받은 것이라고 성경은 가르친다.

여기서 우리가 확실하게 기억해야 할 것은 우리의 구원은 우리가 노력해서 얻은 성취가 아니요 하나님의 선물이라는 사실이다. 물론 믿음의 책임과 믿음의 행위는 우리들이 해야 할 몫이다. 왜냐하면 하나님이 우리를 대신해서 믿어 주시지 않기 때문이다. 믿음은 타자 (other person)에 대한 신뢰이다. 따라서 믿음은 자신을 의지하지 않고 자신의 공로를 내세우지 않는다. 우리는 구원을 받기 위해 예수 그리스도를 믿어야 한다. 성경은 하나님이 신자들의 행위의 중요성과 실재를 인정하시면서도 우리의 구원에 관한 하나님의 우선권을 행사하신다고 가르친다(엡 2:4-8). 그래서 바울은 우리의 구원이 "행위에서 난 것이 아니니 이는 누구든지 자랑하지 못하게 함이라"(엡 2:9)고 가르친다.

그러면 믿음이란 선물이 어떻게 우리에게 전달되는가? 바울은 "믿음은 들음에서 나며 들음은 그리스도의 말씀으로 말미암았느니라"(롬 10:17)고 가르친다. 이 뜻은 그리스도의 말씀 즉 성경 말씀이 선포되면 들음이 있고, 그 들음을 통해 믿음이 생기게 된다는 것이다. 그런데 성경 다른 곳에서 "성령으로 아니하고는 누구든지 예수를 주시라 할 수 없느니라"(고전 12:3)라고 가르친다. 결국 이천여 년 전에 사셨던 예수 그리스도를 주님으로 인정하려면 하나님이 선물로 주신 믿음과 성령의 도우심이 있어야 가능하다는 말씀이다.

그래서 바울은 "네가 만일 네 입으로 예수를 주로 시인하며 또 하나님께서 그를 죽은 자 가운데서 살리신 것을 네 마음에 믿으면 구원을 받으리라. 사람이 마음으로 믿어 의에 이르고 입으로 시인하여 구원에 이르느니라"(롬 10:9-10, 개역개정)고 가르치는 것이다. 이 말씀은 구원을 받는 길이 마음으로 믿는 것과 아울러 입으로 고백하는 것이 필수적임을 강조한다. 구원을 받기 위해서는 마음으로 믿는 것도 중요하지만 공적인 고백도 중요하다는 말씀이다. 왜냐하면 마음으로 믿는 것은 보이지 않는 것이기 때문이다. 예수님을 구주로 믿는 자가 입으로 고백하는 것은 자신의 믿음이 진실함을 증거하는 것이다. 하나님은 사람의 중심을 보실 수 있지만 인간은 다른 사람의 마음을 읽을 수 없기 때문에 입으로 고백하는 것이 중요한 것이다(삼상 16:17). 믿음이 없는 고백은 허망한 것이요(마 7:22-23: 딛

1:16), 고백이 없는 믿음은 진정한 믿음이라고 말할 수 없다. 마음으로 믿는 것은 보이지 않고, 내적이며, 혼자만 아는 상태이지만 입으로 시인하면 보이고, 공개적이며, 믿음의 공동체에 참여할 수 있게 되는 자격을 부여받게 되는 것이다.

하나님은 인간의 약함을 너무 잘 아시기 때문에 우리를 구원하시는 방법으로 믿음의 방법을 마련해 주셨다. 우리는 우리의 재물로도 구원받을 수 없고, 우리의 권력으로도 구원받을 수 없으며, 우리의 지식으로도 구원받을 수 없고, 우리의 모양새로도 구원받을 수 없고, 오로지 우리의 믿음으로만 구원받을 수 있다. 그래서 일자무식(一字無識)인 사람도 복음을 듣고 예수를 공개적으로 주로 인정할 때 구원을 받게 된다. 그래서 우리의 구원을 말할 때 "그리스도로만"(Christ only), "은혜로만"(Grace only), "믿음으로만"(Faith only)이라는 말을 하는 것이다. 우리 성도들은 오로지 하나님의 방법으로만 구원함을 받았다.

2. 그리스도와 성도의 연합이 왜 필요할까요?

　　그리스도와 성도들의 연합(believer's union with Christ)은 성도들의 구원 문제와 연계하여 고려할 때 필수적인 것이며 대단히 중요한 개념이다. 성도가 예수님을 믿게 되면 예수님의 삶과 성도의 삶이 연합된다. 그래서 성도의 삶은 어느 한 순간도 예수님의 삶과 분리해서 생각할 수 없다. 우리는 때때로 그리스도와 성도들의 연합을 다룰 때 그 연합이 예수님의 죽음과 부활에만 한정되는 것으로 생각하기 쉽다. 왜냐하면 성도들의 죄 문제 해결과 구원에 예수 그리스도의 십자가상의 죽음과 부활이 너무도 중요하기 때문이다. 그러나 성경은 성도들과 그리스도와의 연합을 그렇게 국한해서 가르치지 않는다.

　　성경은 성도들이 그리스도와 연합될 때 성도들은 그리스도의 전 생애와 연합된다고 가르친다. 성경은 명명백백하게 성도들이 예수와 **함께** 고난을 받고(롬 8:17), 예수와 **함께** 십자가에 못 박히고(롬 6:6), 예수와 **함께** 죽고(고후 7:3; 딤후 2:11), 예수와 **함께** 장사지냄 받고(롬 6:4), 예수와 **함께** 부활하고(골 2:12; 3:1) 예수와 **함께** 살림을 받고(골 2:13; 엡 2:5), 예수와 **함께** 살게 되었고(롬 6:8; 딤후 2:11),

예수와 **함께** 영광에 이르고(롬 8:17), 예수와 **함께** 후계자가 되었고 (롬 8:17), 그리고 예수와 **함께** 통치한다(딤후 2:12)고 가르친다. 바울 사도는 성도들의 부활을 설명하면서 "이제 그리스도께서 죽은 자 가운데서 다시 살아나사 잠자는 자들의 첫 열매가 되셨도다"(고전 15:20)라고 성도들의 그리스도와의 연합을 강조했고, 또한 성도들은 "하나님의 상속자요 그리스도와 **함께** 한 상속자니"(롬 8:17)라고 말함으로 성도들과 그리스도의 연합을 확실하게 천명한다. 여기서 "함께"라는 용어는 성도들의 삶을 예수님과 분리해서 생각할 수 없음을 증거한다.

성도들이 그리스도와 연합되었다는 사실은 성도들에게 말로 표현할 수 없는 복과 자긍심을 제공해 준다. 성도들은 자기 스스로 성취한 것이 아무것도 없다. 그리스도께서 성도들을 위해 모든 것을 성취해 주셨다. 그러므로 예수 그리스도가 그의 삶을 통해 성취하신 모든 것이 성도들의 것이 된다. 여기서 놀만 두티(Norman Douty)의 연합 개념에 관한 적절한 말을 듣도록 한다. "예수님은 우리들의 타락을 거룩으로, 우리들의 불순종을 복종으로, 우리들의 빚을 청산으로, 우리들의 퇴패를 승리로, 우리들의 죽음을 부활로, 우리들의 강등을 승진으로 바꾸어 놓으셨다. 그리고 그렇게 하심으로, 그는 그와 우리들의 연합을 통해 우리들을 그가 성취하신 모든 것의 참여자로 만드셨다."(*Union with Christ*, p. 152.)

어떻게 우리가 의롭게 되었는가? 그것은 우리가 예수님과 연합됨으로 예수님의 의를 우리의 것으로 받았기 때문이다(롬 4:25). 어떻게 우리가 영화롭게 되었는가? 그것은 우리가 예수님과 연합됨으로 예수님의 영화를 우리의 것으로 받았기 때문이다(롬 5:17). 어떻게 우리가 하나님의 자녀가 되었는가? 그것은 우리가 예수님과 연합됨으로 그리스도와 함께 한 상속자로서 하나님의 자녀의 특권을 누릴 수 있게 되었기 때문이다(롬 8:30).

칼빈(Calvin)은 "그리스도 예수 안에서"(고전 1:4)와 "너희가 그 안에서"(고전 1:5)를 해석하면서 "나는 '그분 안에서'(in Him)를 그대로 유지하는 것을 '그분에 의해서'(by Him)라는 말로 바꾸는 것보다 더 좋아한다. 왜냐하면 내 생각으로는 '그분 안에서'가 좀 더 생생하고 강력하기 때문이다. 그리고 그리스도 안에서 우리가 풍요하게 되어 그의 몸의 일원이 되고 그에게 접목되었기 때문이다. 더욱이 우리가 그분과 하나로 만들어졌기 때문에 그분은 성부로부터 받은 모든 것을 우리와 나누신다."(John Calvin, *The First Epistle of Paul to the Corinthians*, trans. by John Fraser. Grand Rapids: Eerdmans, 1973, p. 21.) 라고 해석한다. 칼빈의 해석은 성도들이 그리스도와 연합되었기 때문에 그리스도가 성취하신 모든 축복을 성도들도 누릴 수 있게 되었다는 것이다.

성도들은 그리스도의 속죄에 참여자가 되어 죄의 사면을 받았고, 성도들은 그리스도의 죽기까지의 순종에 참여자가 되어 의롭다 칭함을 받았고, 성도들은 그리스도의 아들 직에 참여자가 되어 수양되고 중생하게 되었으며, 성도들은 그리스도의 거룩에 참여자가 되어 성화를 이루게 되었으며, 성도들은 그리스도의 승리에 참여자가 되어 세상을 통치하게 되었으며, 성도들은 그리스도의 높아지심에 참여자가 되어 영화롭게 되었다. 그리스도와 성도들의 연합 개념은 성도들의 정체성(Identity)과 구원 문제의 근거가 된다.

우리는 성도들의 그리스도와의 연합 개념을 고찰할 때 바울 사도가 성도들의 부활의 확실성을 설명하면서 사용한 논리의 방향을 주목하여야 한다. 우리가 성도들의 부활을 설명할 때 우리의 논리는 예수님의 부활에서 성도들의 부활로 그 방향을 잡는다. 예수님이 부활하셨기 때문에 성도들도 부활할 수 있다는 것이다. 그러나 바울은 우리와 정 반대의 논리로 성도들의 부활을 설명한다. 바울은 "만일 죽은 자의 부활이 없으면 그리스도도 다시 살아나지 못하셨으리라"(고전 15:13, 참조 고전 15:15, 16)고 성도들의 부활에서 예수님의 부활로 그 방향이 설정된다. 바울은 성도들의 부활이 없으면 그리스도의 부활이 쓸데없는 것이 된다고 말하고 있다. 그래서 바울은 성도들과 그리스도와의 연합개념을 근거로 그리스도의 부활을 "잠자는 자들의 첫 열매"(고전 15:20)라고 말하는 것이다.

3. 복음의 핵심은 무엇인가요?

성경은 예수님의 탄생을 "큰 기쁨의 좋은 소식"(눅 2:10)이라고 증거한다. 왜냐하면 예수님의 탄생은 "지극히 높은 곳에서는 하나님께 영광이요 땅에서는 하나님이 기뻐하신 사람들 중에 평화로다"(눅 2:14, 개역개정)라고 찬송할 수 있는 사건이기 때문이다. 그러면 왜 예수님의 탄생이 기쁜 소식이 될 수 있는가? 예수님의 탄생은 태어남으로 끝나는 것이 아니요, 인간의 죄 문제와 사망의 문제를 해결하시기 위해 오셨기 때문에 기쁜 소식이라고 할수 있다.

바울은 로마서를 기록하면서 서두부터 복음에 많은 관심을 기울인다. 바울은 로마서 1:1에서 "하나님의 복음"을 언급하고, 로마서 1:2에서는 복음은 "그의 아들에 관한 것"이라고 복음과 아들을 연결시키고, 로마서 1:3에서는 아들의 특징을 "육신으로는 다윗의 혈통에서 나셨고 성결의 영으로는 죽은 자들 가운데서 부활하사 능력으로 하나님의 아들로 선포되셨으니 곧 우리 주 예수 그리스도시니라"(롬 1:3-4, 개역개정)고 설명한다. 여기서 주목할 것은 바울이 아들의 특징을 "육신으로는"과 "성결의 영으로는"을 대칭적으로 사용하고 있다는 것이다. 어떤 사람은 "육신으로는"은 예수님의 인성을 가리키고, "성결의 영으로는"은 예수님의 신성을 가리킨다고 설명한다. 그러나 바울이 로마서 1:3에서 "그의 아들에 관하여 말하면"을 사용했을 때 바울은 예수님의 성육신 이후의 아들을 생각하며 쓴 것이다. 그렇다면 예수님은 성육신 하실 때 이미 "인성"과 "신성"을 소유하고 계셨고, 바울이 "육신으로는"이라는 말을 하기도 전에 예수님은 이미 인성과 신성을 소유하고 계신 상태였다. 그러므로 바울은 본 구절에서 "육신으로는"과 "성결의 영으로는"이란 표현을 통해 예수님의 비하 상태와 승귀 상태를 설명하기 원한 것이다. 바울은 "육신으로는 다윗의 혈통에서 나셨고"라고 말함으로 구약에서 예언된 메시아(Messiah)이신 예수님이 성육신을 시작으로 낮아지신 상태로 진입하신 것을 묘사하기 원했다. 그리고 바울은 이어서 "성결의 영으로는 죽은 자들 가운데서 부활하사 능력으로 하나님의 아들로 선포되셨으니"라고 말함으로 부활을 시작으로 예수님이 승귀의 상태로 진입하신 것을 묘사하기 원한 것이다. 이렇게 생각할 때 "육신으로는" 속에 예수님의 죽음이 포함되어 있고, "성결의 영으로는" 속에는 예수님의 부활이 포함되어 있다. 하나님은 메시아이신 예수님을 죽게 하시고 부활시키심으로 성도들의 죄 문제를 해결하시고 성도들에게 영원한 생명을 허락하신 것이다. 그래서 바울은 같은 책 로마서 4:25에서 "예수는 우리가 범죄한 것 때문에 내줌이 되고 또한 우리를 의롭다 하시기 위하여 살아나셨느니라"(개역개정)고 가르친 것이다. 바울은 복음을 생각하면서 그 복음의 핵심이 바로 예수님의 죽음과 부활임을 가르치기 원한 것이다.

그래서 바울은 다른 곳에서 "네가 만일 네 입으로 예수를 주로 시인하며 또 하나님께서 그를 죽은 자 가운데서 살리신 것을 네 마음에 믿으면 구원을 받으리라 사람이 마음으로 믿어 의에 이르고 입으로 시인하여 구원에 이르느니라"(롬 10:9-10, 개역개정)고 말함으로 구원받을 수 있는 길은 예수를 주로 고백하고 예수님의 죽음과 부활을 믿는 길임을 확실히 한다. 복음의 핵심은 예수님이 십자가에 달려 죽으신 것과 부활체를 입으시고 부활하신 것이다.

그러면 왜 복음의 핵심이 예수님의 죽음과 부활이어야 하는가? 예수님의 죽음과 부활은 떼려야 뗄 수 없는 관계에 있다. 예수님의 죽음과 부활은 마치 동전의 양면처럼 한 쪽이 없으면 다른 쪽도 효과를 낼 수 없는 것과 같다. 성도들의 구원을 위해 예수님의 죽음과 부활이 반드시 필요한 것이다. 만약 예수님이 우리들의 죄를 위해 죽으시고 부활하시지 못했다고 생각해 보자. 그러면 성도들은 현재의 상태로 계속해서 죄를 극복하기 위해 노력하면서 살아가야 한다. 왜냐하면 예수님의 부활이 없으면 죄 없는 부활체를 입을 수 없기 때문이다. 왜 바울이 성도들의 부활을 논하면서 "만일 죽은 자의 부활이 없으면 그리스도도 다시 살아나지 못하셨으리라"(고전 15:13, 참조, 고전 15:15-16)고 말함으로 성도들의 부활이 없으면 그리스도의 부활이 아무런 의미가 없는 것처럼 말했겠는가? 그 이유는 예수 그리스도의 부활의 목적이 성도들의 부활을 위한 것이기 때문이다. 예수님의 부활은 부활하신 예수님을 직접 목격한 증인들이 허다할 정도로 역사적으로 확실한 사건이었다(마 28:16-17; 막 16:9; 눅 24:13-31; 고전 15:5-8). 바울은 이렇게 역사적으로 확실한 사건일지라도 예수님의 부활이 성도들의 부활과 연계되지 아니하면 아무런 의미가 없다고 말하고 있는 것이다. 바울은 이와 같이 역설적인 것 같은 논리를 사용하여 성도들의 부활의 확실함을 명명백백하게 증언하기 원한 것이다. 예수님은 인간의 몸을 입으시고 성육신하셔서 죽으심으로 인간의 죄 문제를 해결하셨을 뿐만 아니라 부활하심으로 인간에게 부활체를 입고 성삼위 하나님과 함께 영원히 살 수 있는 길을 열어 주신 것이다. 그러므로 복음의 핵심은 예수님의 죽음과 부활이라고 요약할 수 있다.

4. 의로운 것과 의롭게 되는 것의 차이는 뭔가요?

　　성경은 창세기 1장과 2장이 묘사하는 에덴동산의 시기를 "행위 언약"(Covenant of Works)의 시대라고 가르친다. 왜냐하면 아담과 하와가 고통과 죽음이 없는 영생을 누리려면 하나님이 정해 두신 선악과를 먹지 않아야 하기 때문이다. 하지만 죄가 세상에 들어 온 이래 예수님의 재림 때까지 우리는 "은혜 언약"(Covenant of Grace)의 시대에 살고 있다. 이제 우리는 우리들의 행위로 구원을 성취할 수 없고 오직 하나님의 은혜로만 구원을 받을 수 있게 되었다. 인류의 조상인 아담과 하와가 범죄 함으로 우리 모두는 죄인이 된 것이다. 이 죄를 가리켜 원죄(the original sin)라고 말한다. 그래서 성경은 "한 사람으로 말미암아 죄가 세상에 들어오고"(롬 5:12)라고 가르치고, "한 사람의 범죄를 인하여 많은 사람이 죽었은즉"(롬 5:15)이라고 가르칠 뿐만 아니라, "한 사람의 범죄로 말미암아 사망이 그 한 사람을 통하여 왕 노릇 하였은즉"(롬 5:17)이라고 가르치고 있다. 그래서 성경은 "의인은 없나니 하나도 없다"(롬 3:10)라고 선언하는 것이다.

그러므로 모든 인간은 다 죄인이다. 죄인은 마땅히 그 죄의 값으로 죽어야 한다(롬 6:23). 그런데 하나님은 인간의 방법으로가 아니요, 하나님의 방법으로 인간의 죄 문제를 해결할 방법을 마련하셨다. 하나님의 방법은 죄 없는 메시아(Messiah)를 인간의 몸을 입히셔서 이 땅 위에 보내시고 메시아로 하여금 인간 대신 죄 값을 치르게 하시는 방법이다. 그래서 하나님은 구약에서 오랫동안 약속하신대로 메시아이신 예수 그리스도(Jesus Christ)를 요셉과 마리아를 통해 이 땅 위에 보내신다(눅 2:1-7, 10-14). 인간 대신 죄 문제를 해결하실 예수 그리스도는 인간과 똑같은 성정을 가지고 태어나셨지만 그에게서 죄는 찾아 볼 수 없었다. 왜냐하면 죄인이 죄인을 대신할 수 없기 때문이다. 예수님은 100% 하나님이시면서 또한 100% 인간이셨다. 예수님은 인간이 겪는 똑같은 경험을 하시고 모든 고난과 고통과 세상의 불의를 경험하시고 인간의 죄 문제를 해결하시기 위해 십자가상에서 죽음을 맞이하셨다. 예수님은 죽으실 필요가 없는 분이셨다. 왜냐하면 예수님은 죄가 없었기 때문이다. 그래서 성경은 "이제는 율법 외에 하나님의 한 의가 나타났으니"(롬 3:21)라고 가르치고, "예수 그리스도를 믿음으로 말미암아 모든 믿는 자에게 미치는 하나님의 의니 차별이 없느니라"(롬 3:22)고 선포한다. 그래서 바울은 "한 의로운 행위로 말미암아 많은 사람이 의롭다 하심을 받아 생명에 이르렀느니라"(롬 5:18)고 담대하게 선포하는 것이다.

그러므로 사람이 의롭다 인정함을 받으려면 어떤 행위나 공로를 통해서가 아니요, 오직 예수 그리스도를 구주(Savior)로 받고 그의 죽으심과 부활을 마음으로 믿어야만 가능한 것이다(롬 10:9-10). 성도들의 의는 예수님의 죽음과 부활을 통하여 성취된 의가 성도들에게 전가된 것이다. 한 가지 주목할 부분은 성도들의 의를 생각할 때 예수님의 죽음과만 연계하여 논의하는 것은 성경적인 가르침이 아니라는 것이다. 바울은 "예수는 우리가 범죄한 것 때문에 내줌이 되고 또한 우리를 의롭다 하시기 위하여 살아나셨느니라"(롬 4:25)고 명백하게 선언한다.

성도들이 예수 그리스도를 구주로 믿어 의롭게 된 상태는 어떻게 이해해야 하는가? 하나님은 실존적으로 의를 우리 안에 주입해서 우리 자체를 의인으로 만든 것이 아니요, 우리가 예수님을 믿을 때 예수님이 성취하신 의를 우리의 것으로 인정하여 우리를 의롭다고 선언하신 것이다. 성도가 의롭게 되는 것은 예수님이 그의 죽음과 부활을 통해 이루신 의를 하나님이 성도의 것으로 인정해 주신다는 뜻이다. 신학적 용어로 이를 가리켜 "의의 전가"(Imputation theory)라고 부른다. 하나님은 예수님이 우리들의 죄와 죄책을 대신 감당하시고 이루신 의를 우리의 것으로 인정하심으로 우리들을 의롭다고 선언하신다. 마치 아담(Adam)이 범죄함으로 모든 사람이 죄인이 된 것처럼 예수님이 의를 이루심으로 그를 믿는 모든 사람이 의인으로 인정받게 되는 것이다(롬 5:18). 예를 들면, 어떤 사람이 1억의 빚을 졌는데 다른 사람이 그 빚을 대신 갚아주어서 채권자가 빚진 사람에게 "당신은 더 이상 빚이 없소"라고 말하는 것과 같다. 빚진 자는 스스로 빚을 해결한 것이 아니요, 다른 사람이 대신 그의 빚 문제를 해결해 주었을 뿐이다.

성도들은 예수를 믿은 이후도 죽을 때까지 계속해서 죄를 짓는다. 성도들이 계속 죄를 짓는다는 사실은 예수 믿은 이후 죽을 때까지의 성도들의 삶이 너무나 확실하게 증언하고 있다. 그 이유는 우리들이 아직도 아담의 존재 질서로 받은 몸체를 입고 있기 때문이다. 그러므로 루터는, "성도는 의인이면서 동시에 죄인이다."(Luther, *Commentary on the Epistle to the Romans*, pp. 98-99)라고 함으로 구원받은 성도의 현재 상태를 잘 묘사하고 있다. 성도는 예수님의 재림 때에 입게 될 완전한 몸체인 부활체를 입게 될 것을 갈망하면서 예수님을 닮아가는 삶을 구현해 나가야 한다(빌 2:12).

5. 구원받은 성도도 지옥에 가나요?

성경은 천국과 지옥이 있음을 확실하게 가르친다. 예수님께서 천국에 들어갈 사람들과 지옥에 들어갈 사람들에 대해 "오른편에 있는 자들에게 이르시되 내 아버지께 복 받을 자들이여 나아와 창세로부터 너희를 위하여 예비된 나라를 상속 받으라"(마 25:34)라고 말씀하시고, "왼편에 있는 자들에게 이르시되 저주를 받은 자들아 나를 떠나 마귀와 그 사자들을 위하여 예비된 영원한 불에 들어가라"(마 25: 41, 개역개정)라고 말씀하신다. 이처럼 예수님은 천국과 지옥이 실재함을 명확하게 가르치신다.

그러면 무슨 기준으로 천국에 들어갈 사람과 지옥에 들어갈 사람이 결정되는가? 천국에 들어갈 사람은 예수님을 구주로 믿고 하나님의 자녀가 된 사람(요 1:12), 하늘의 시민권을 소유하고 사는 사람(빌 3:20), 하나님의 씨가 그 속에 있는 사람(요일 3:9), 그리고 속사람이 있는(엡 3:16) 성도이다. 그러면 어떻게 성도가 될 수 있는가? 인간은 스스로 자신의 죄 문제를 해결할 수 없다. 그래서 하나님이 하나님의 방법으로 인간을 구원하시기로 계획을 세우시고 그의 독생자 예수 그리스도를 우리 대신 죽게 하시고 부활시키심으로 우리를 죄에서 구원하시고 영원한 생명을 살 수 있게 하셨다. 나의 구원을 내가 이룬 것이 아니기에 "그리스도로만"(Christ only)이라는 표현을 쓰고, 나의 구원을 이루는데 내가 전혀 참여하지 않았기에 "은혜로만"(Grace only)이라고 말하고, 나의 구원을 위해 나의 공덕이나 노력이 전혀 필요하지 않았기에 "믿음으로만"(Faith only)이라는 표현을 써서 내 구원을 설명한다. 그래서 성경은 하나님의 구원 방법이 "네가 만일 네 입으로 예수를 주로 시인하며 또 하나님께서 그를 죽은 자 가운데서 살리신 것을 네 마음에 믿으면 구원을 받으리라. 사람이 마음으로 믿어 의에 이르고 입으로 시인하여 구원에 이르느니라"(롬 10:9-10, 개역개정)고 함으로 우리의 구원은 나의 공로가 아니요, 예수님의 죽음과 부활이 나를 위한 것임을 믿을 때 받을 수 있는 것임을 분명히 밝히고 있다.

성도들의 구원은 하나님의 사랑으로부터 시작한다. 성경은 "우리가 아직 죄인 되었을 때에 그리스도께서 우리를 위하여 죽으심으로 하나님께서 우리에 대한 자기의 사랑을 확증하셨느니라"(롬 5:8, 개역개정)고 가르친다. 성경은 분명히 "우리가 아직 죄인 되었을 때에" 하나님의 사랑이 작용하셨음을 말한다. 하나님의 사랑은 우리의 거룩성이나 우리의 공로를 보시고 시작한 것이 아니다. 하나님은 처음부터 우리의 공로의 방법으로가 아니라 하나님의 은혜의 방법으로 우리를 구원하실 계획을 세우신 것이다. 그래서 죄 없으신 예수 그리스도를 우리 대신 십자가를 지게 하셔서 죄 문제를 해결하시고 사흘 만에 부활시키신 것이다. 우리는 이제 예수님의 죽음과 부활이

나를 위한 것임을 믿기만 하면 된다.

그런데 우리가 임의로 예수님의 죽음과 부활이 우리를 위한 것임을 믿을 수 있는가? 2,000여 년 전에 발생한 예수 그리스도의 사건이 나를 위한 사건이라고 어떻게 믿을 수 있는가? 그것은 단연코 불가능한 일이다. 그래서 하나님은 믿음도 하나님의 방법으로 우리에게 주셨다. 성경은 "믿음은 들음에서 나며 들음은 그리스도의 말씀으로 말미암았느니라"(롬 10:17)고 가르침으로 믿음의 출처가 하나님의 말씀으로부터임을 확실히 한다. 그리고 바울은 "너희는 그 은혜에 의하여 믿음으로 말미암아 구원을 받았으니 이것은 너희에게서난 것이 아니요 하나님의 선물이라"(엡 2:8, 개역개정)고 가르침으로 우리의 믿음과 구원이 모두 하나님의 선물임을 분명히 한다. 선물은 공로의 개념이 아니다. 선물은 그냥 아무런 조건 없이 받은 것이다. 만약 선물에 조건이 붙어 있으면 그것은 선물이라 말할 수 없다. 그러므로 우리의 믿음도, 우리의 구원도 모두 아무런 조건 없이 하나님이 그의 방법으로 우리에게 선물로 주신 것이다. 그래서 바울은 "본질상 진노의 자녀"(엡 2:3)인 우리들을 긍휼에 풍성하신 하나님이 큰 사랑을 베풀어서 은혜로 우리를 구원하셨다고 가르친다.

그런데 어떤 한 사람이 선물로 받은 믿음으로 예수님을 구주로 고백할 때 반드시 성령(the Holy Spirit)의 역할이 있어야만 한다. 이 말은 사람의 능력만으로 예수님을 구주로 고백할 수 없다는 뜻이다. 성령의 역할이 없으면 믿음이 있을지라도 예수님을 구주로 고백할 수 없다. 바울은 "하나님의 영으로 말하는 자는 누구든지 예수를 저주할 자라 하지 아니하고 또 성령으로 아니하고는 누구든지 예수를 주시라 할 수 없느니라"(고전 12:3, 개역개정)라고 천명한다. 우리는 하나님의 구원 방법에서 하나님의 사랑, 하나님의 말씀, 들음, 믿음, 성령의 역할, 성도의 구원이라는 연계를 본다. 이 말씀은 처음부터 끝까지 우리의 구원에는 하나님의 계획과 인도하심이 작용했음을 알 수 있다. 그러므로 진정으로 예수를 구주로 믿는 성도는 하나님께서 천국으로 갈 수 있도록 보장해 주시고 지옥에는 보내시지 않는다. 만약 진정으로 구원받은 성도가 지옥에 갈 수 있다면 그것은 하나님의 계획에 오류가 있다는 말이다.

6. 성도가 자살하면 구원받을 수 있나요?

　　예수 믿는 성도가 자살(suicide)을 해도 구원을 받을 수 있는가? 자살은 살인 행위이며, 하나님의 "생명 종결권"을 침범하는 행위인데 자살한 사람이 어떻게 구원을 받을 수 있을까? 하나님만이 인간의 생사화복(生死禍福)에 대한 결정권을 가지고 계시는데 자살한 사람이 하나님의 권한을 박탈하는 행위를 저지르고도 구원의 반열에 계속 남아 있을 수 있을까? 또한 자살은 하나님의 창조질서를 파괴하는 행동이나 다름없는데 성도가 자살을 해도 하나님이 그를 구원하시겠는가? 이런 질문에 대한 답은 성도가 자살을 해도 그의 믿음이 진실한 믿음이요 예수 그리스도의 죽음과 부활을 자신을 위한 구속사건으로 받아들이면 구원을 받을 수 있다는 것이다. 물론 자살은 대단히 잘못된 행동이다. 따라서 성도는 어떤 어려운 상황에 처할지라도 자살을 해서는 안 된다. 자살은 심각한 잘못이요, 하나님이 기뻐하시지 않는 행동이다. 예수를 믿는 성도는 하나님께서 주신 자신의 생명을 스스로 끊는 자살 행위를 결단코 해서는 안 된다.

　　성경은 자살에 대하여 구체적으로 설명하거나 자살에 대해 가부간 평가를 하지 않고 있다. 단지 성경에는 자살을 함축적으로 금하는 구절이 있을 뿐이다. 성경은 "너희 몸은, 너희가 하나님께로부터 받은 바 너희 가운데 계신 성령의 전인 줄을 알지 못하느냐 너희는 너희 자신의 것이 아니라"(고전 6:19, 개역개정)고 우리의 몸을 함부로 다루어서는 안 된다는 자살에 대한 간접적인 교훈을 주신다(참고, 엡 5:29). 그러나 성경은 사람의 생명을 임의로 취하는 것은 죄라고 분명히 가르친다. 성경은 살인하는 행동은 대단히 중대한 죄임을 분명히 가르친다(마 5:21-22). 성경이 자살에 대해 언급을 하지 않는 것은 자살을 정당화하는 것이 아니요, 자살이든 타살이든 사람의 생명을 임의로 종결시킨다는 점에서 자살과 타살을 본질적으로 같은 행위로 보고 있기 때문이다. 성경은 타살과 함께 자살도 금하고 있다.

어떤 이는 환자가 고통이 너무 심하거나 다시 회복할 가능성이 전혀 없을 때 안락사(euthanasia)를 제안하기도 한다. 하지만 성경은 안락사에 대해서도 구체적인 교훈을 하지 않는다. 그 이유는 안락사도 생명을 끊는 행위이기 때문이다. 어거스틴(Augustine)은 그의 "하나님의 도성"에서 다른 사람을 죽이는 것은 큰 죄이지만 자신을 죽이는 것은 더 큰 죄라고 정의한다. 그리고 그는 성경이 "살인하지 말라"(출 20:13)고 명령하는 것은 자살도 금하는 명령이라고 해석한다. 결국 "살인하지 말라"라는 명령은 "사람을 죽이지 말라"라는 뜻인데 타인을 죽이든 자신을 죽이든 그것은 사람을 죽이는 것이기 때문에 하나님의 명령을 거역하는 것이라고 설명한다. (Augustine, *The City of God*. New York: Random House, 1950, p. 26).

어떤 이는 이처럼 자살과 살인이 하나님의 권한을 침범하는 대단히 중대한 죄이며 또한 성도가 자살을 하면 회개할 기회를 놓치기 때문에 구원을 받을 수 없다고 주장한다. 이와 같은 주장을 하는 사람들은 자살의 행위를 구원 문제와 연관시킴으로 자살하는 자는 구원을 받을 수 없다고 주장한다. 그러나 성도가 자살을 감행해도 구원을 받을 수 있다는 교훈이 성경의 가르침이다. 물론 자살을 하면 구원받을 수 없다고 가르침으로 자살을 방지하는 교육적 효과는 있을 것이다. 우리는 교육적 효과를 극대화하기 위해 구원의 원리를 희생시킬 수는 없다. 자살을 구원과 연관시켜 고찰하면 행위구원론에 빠질 수 있고, 이는 성경이 가르치는 구원의 방법과는 거리가 먼 것이다. 성경은 인간의 행위로 구원받을 수 있다고 가르치지 않고, 예수 그리스도를 구주로 믿음으로만 구원받을 수 있다고 가르친다. 오래 전에 배우 최진실 씨가 자살을 했다는 충격적인 뉴스를 접한 적이 있다. 그 당시 최진실 씨는 예수를 믿는 성도라고 알려져 있었다. 그런데 그녀가 자살로 생을 마감한 것이다. 이 소식을 접한 대전의 한 유명한 목사가 방송을 통해 "최진실 씨는 구원을 받을 수 없다"라고 했는데, 그 이유는 최진실 씨가 회개할 기회를 다시 얻지 못하기 때문이라고 설교한 것을 들었다. 그러나 이와 같은 주장은 성경을 바로 이해한 것이 아니다. 사람이 구원받을 수 있는 근거는 실존적으로 범한 특정한 죄의 회개 여부에 따라 결정되는 것이 아니요, 오직 예수 그리스도의 십자가의 죽음과 부활을 통해서만 가능한 것이다(롬 10:9-10: 참조, 롬 5:25). 사람이 구원받을 수 있는 길은 오직 믿음으로만(faith only), 은혜로만(grace only) 구원받을 수 있지 다른 길은 존재하지 않는다.

그리고 우리는 나 자신에 대해 자살을 포함한 어떤 잘못된 행동을 할지라도, 나를 향한 하나님의 구속 계획은 내가 저지른 어떤 행위보다 더 넓고, 더 높고, 더 깊은 것을 알아야 한다. 성도는 나를 향한 하나님의 구속계획이 나에 대한 모든 행동을 다 감쌀 수 있음을 알아야 한다. 성도는 어떤 잘못된 행동을 했을지라도 우리를 향한 하나님의 사랑이 변하지 않음을 믿어야 한다(롬 5:8; 8:38-39). 성도가 한 순간 자살이라는 잘못된 선택을 할지라도 하나님은 그를 버리지 않으신다. 우리는 자살의 문제에 대해 성경을 바로 해석했던 종교개혁자인 루터(Luther)나 칼빈(Calvin)도 자살을 구원 문제와 연계해서 생각하지 않았고, 성령모독죄와도 연계해서 생각하지 않았다는 사실에 주목할 필요가 있다. 성경은 성도가 자살하는 것은 잘못이라고 가르치나 성도가 자살을 했다고 해서 그를 구원의 반열에서 탈락시킨다고 가르치지 않는다. 성도는 그의 믿음이 진정한 것이라면 비록 자살이라는 극단적인 행위로 생을 마감할지라도 하나님께서 그를 하나님의 자녀의 반열에서 퇴출시키지 않는다는 사실을 믿어야 한다.

7. 몸과 영인가요, 몸과 혼과 영일까요?

성도들은 마음속으로 인간의 구성 요소가 도대체 몸과 영인지 아니면 몸(σῶμα: body)과 혼(ψυχή: soul)과 영(πνεῦμα: spirit)인지 의구심을 갖게 된다. 왜냐하면 성경에서 이 세 용어가 자주 사용되기 때문이다. 조직신학적인 관점에서 이런 논의는 성경이 이분설(dichotomy)을 지지하느냐 아니면 삼분설(trichotomy)을 지지하느냐로 나누어진다. 성경이 전체 인간을 묘사할 때 몸과 혼과 영이라는 표현을 사용하고 있는 것만은 확실하다. 바울은 "평강의 하나님이 친히 너희를 온전히 거룩하게 하시고 또 너희의 온 **영**과 **혼**과 **몸**이 우리 주 예수 그리스도께서 강림하실 때에 흠 없게 보전되기를 원하노라"(살전 5:23, 개역개정)라고 영과 혼과 몸을 동시에 언급하고 있다. 히브리서 저자는 하나님의 말씀이 인간의 "혼과 영과 및 관절과 골수를 찔러 쪼개기까지 하며"(히 4:12)라고 말함으로 혼과 영을 구별하여 사용하고 있다(참고, 고전 2:14-15의 "육에 속한 사람"(ψυχικός)과 "신령한 자"(πνευματικός)의 비교). 삼분설 지지자들은 이처럼 몸과 혼과 영을 분명하게 구별하여 사용하고 있는 성경구절을 근거로 인간은 몸과 혼과 영으로 구성되어 있다고 주장한다.

그러나 삼분설보다는 이분설이 성경의 교훈에 더 적합하다고 생각된다. 성경의 교훈을 종합해 보면 인간이 몸과 영(혹은 영혼)으로 구성되어 있음을 알 수 있다. 이제 성경의 용례를 점검해 보도록 한다. 성경은 인간의 구성요소로 몸(body)을 설명할 때는 항상 일관성 있게 몸이 인간의 구성 요소의 한 부분임을 명확히 한다. 그런데 문제가 되는 것은 혼과 영의 용법이다. 이분설 지지자들은 혼과 영이 서로 다른 인간 구성 요소라고 생각하지 않는다. 여기서 우리는 성경에서 혼(soul)과 영(spirit)이 어떻게 사용되고 있는지 살펴보아야 한다. **첫째**, 성경은 혼과 영을 교차적으로 사용한다. 예수님께서 "지금 내 마음이 괴로우니"라고 말씀하실 때의 "내 마음"(ἡ ψυχή μου)은 "혼"을 가리키는 용어를 사용하고(요 12:27), "심령이 괴로워 증언하여 이르시되"라고 말씀하실 때의 "심령"(τῷ πνεύματι)은 "영"을 가리키는 용어를 사용하신다(요 13:21). 이는 예수님께서 친히 혼과 영을 교대로 사용하시는 예이다. **둘째**, 성경은 인간의 존재를 묘사할 때 "몸과 영혼"과 "몸과 영"을 교차적으로 사용한다. 예수님께서 "몸은 죽여도 영혼은 능히 죽이지 못하는 자들을 두려워하지 말고"(마 10:28)라고 말씀하심으로 인간 존재를 "몸(τὸ σῶμα: body)과 영혼(τὴν ψυχήν: soul)"으로 설명하셨다. 여기서 예수님께서 사용한 "영혼"은 인간 구성 요소를 논할 때 "혼"(soul)에 해당하는 용어이다. 그런데 야고보 사도는 "영혼 없는 몸이 죽은 것 같이 행함이 없는 믿음은 죽은 것이니라"(약 2:26)라고 인간 존재를 묘사하면서 "몸"(τὸ σῶμα: body)과 영혼(πνεύματος: spirit)이라는 표현을 사용하지만 사실상 야고보 사도가 사용하는 "영혼"은 인간 구성 요소의 "영"(spirit)에 해당하는 용어이다. 이처럼 성경은 인간 존재의 구성 요소로 "혼"과 "영"을 교차적으로 사용하고 있다. **셋째,** 성경은 인간의 죽음을 묘사할 때도 "혼"과 "영"을 교차적으로 사용한다. 예수님께서 한 부자의 비유를 말씀하시면서 "어리석은 자여 오늘 밤에 네 영혼을 도로 찾으리니 그러면 네 준비한 것이 누구의 것이 되겠느냐"(눅 12:20)라고 말씀하실 때의 "영혼"은 인간 구성요소를 논할 때 "혼"(τὴν ψυχήν: soul)에 해당하는 용어이다. 그런데 예수님께서 십자가상에서 죽음을 맞이하실 때 "다 이루었다 하시고 머리를 숙이니 영혼이 떠나가시니라"(요 19:30)라고 하신 말씀에서 사용된 "영혼"은 인간 구성 요소를 논할 때 "영"(τὸ πνεῦμα: spirit)에 해당하는 용어이다.

이와 같이 성경은 "혼"(soul)과 "영"(spirit)을 인간 구성 요소를 설명할 때 교대로 사용하고 있다. 그러면 성경에서 몸과 혼과 영이 함께 사용되는 경우는 어떻게 이해해야 하는가?(살전 5:23; 히 4:12 참고). 성경이 영과 혼과 몸이라는 표현을 함께 사용한 이유는 인간 전체를 철저하게 묘사하기를 원했기 때문이다. 예수님께서 "네 마음을 다하고 목숨을 다하고 뜻을 다하여 주 너의 하나님을 사랑하라"(마 22:37)라고 하신 말씀이나, "네 마음을 다하고 목숨을 다하고 뜻을 다하고 힘을 다하여 주 너의 하나님을 사랑하라"(막 12:30)라고 하신 말씀은 인간 전인(全人)을 여러 각도에서 강조하기 위해 하신 것이다. 예수님께서 "마음"과 "목숨"과 "뜻"과 "힘"을 인간 구성 요소의 한 부분들로 생각하고 이렇게 표현하셨다고 생각할 수 없기 때문이다.

인간 구성 요소가 어떤 것인지에 대한 가장 정확한 답은 우리가 하나님께서 인간을 창조하실 때의 현장을 관찰하는 것이다. 성경은 인간의 창조에 대해 "여호와 하나님이 땅의 흙으로 사람을 지으시고 생기를 그 코에 불어넣으시니 사람이 생령이 되니라"(창 2:7, 개역개정)라고 묘사한다. 생령이 된 사람의 구성요소는 셋이 아니요 둘 밖에 없다. 그것은 하나님이 흙으로 지으신 몸과 하나님이 생기를 그 코에 불어 넣으신 영(혼) 뿐이다. 그러므로 인간은 몸과 영(혼)으로 구성되어 있다.

우스갯소리 같지만 이 문제를 다음과 같이 접근해 볼 수도 있다. 한글 국어사전에 사용된 "영"과 "혼"의 구분을 생각해 보면 "영"은 항상 "영"으로 표현되지만, "혼"은 "넋"으로 표현되기도 하고, "얼"로 표현되기도 한다. 그런데 "넋을 빼앗기다," "얼빠지다"라는 상태는 그 사람의 영과 몸이 없어진 상태가 아니요, 그 사람은 전인적으로 존재하면서 그 사람의 감정적인 상태가 자연스럽지 못한 것을 묘사하는 것이다. 그리고 같은 맥락에서 우리는 "혼내줄까," "혼났다"라는 표현은 사용하지만, "영내줄까," "영났다"라는 표현은 쓰지 않는다. 우리는 사람이 죽으면 "혼이 떠났다," "영이 떠났다"라는 표현을 쓰는데 그 이유는 영(spirit)이 몸(body)에서 떠난 후에는 사람이 죽은 상태로 죽은 상태의 사람에게는 "혼"적인 기능이라고 할 수 있는 "감정적인 변화"가 있을 수 없기 때문이다(참조, 박형용, 『데살로니가 전후서 주해』, 합신대학원출판부, 2008, pp. 193-195).

그러므로 인간은 "몸"과 "영"(혼)으로 구성되어 있다고 생각하는 것이 성경적인 교훈이며 따라서 삼분설보다는 이분설이 더 성경적인 교훈이라고 말할 수 있다.

이제 마무리를 하기 전에 인간의 영과 몸이 언제 결합되는지에 대한 궁금한 부분을 정리하고 마치도록 한다. 우리들의 영은 언제 우리들의 몸과 연합되는가? 이 질문에 대해 세 가지 견해가 존재한다. 첫째 견해는 영혼유전설(Traducianism)인데 이 견해는 아이가 잉태될 때 아이의 영(spirit)과 몸(body)이 아이의 어머니와 아버지로부터 유전된다고 주장한다. 둘째 견해는 선 존재설(pre-existentialism)인데 이 견해는 사람들의 몸이 어머니의 자궁에서 잉태되기 오래 전 그들의 영이 하늘에 존재하고 있었는데 하나님께서 아이의 몸이 어머니의 자궁에서 자라기 시작할 때 그 아이의 영을 하늘에서 가지고 오셔서 그 몸과 합쳐지게 만든다고 주장한다. 셋째 견해는 창조설(Creationism)인데 하나님께서 각 사람을 위해 새로운 영을 창조하셔서 그 사람의 몸이 어머니의 자궁에서 잉태될 때 몸과 합쳐지게 만드신다고 주장한다. 이 세 견해 중에 창조설이 성경의 교훈에 가장 적합하다고 사료된다(신 32:6; 시 139:13; 슥 12:1; 히 12:9). 그러면 각 사람의 유전적인 특질이나 인격적인 특성의 차이는 어떻게 이해해야 하는가? 이 문제에 대해 우리는 하나님께서 아이가 잉태될 때 그 아이의 영혼을 창조하셔서 몸과 합쳐지게 하시되 하나님은 그 아이가 어머니의 자궁에서 자라는 동안 그 부모로부터 유전적인 특질이나 인격적인 특성을 이어 받을 수 있도록 허락하신다고 생각하는 것이 옳다.

8. 예수님이 다른 몸의 형체로 오실 수는 없었나요?

하나님은 인간을 창조하실 때 "우리의 형상을 따라 우리의 모양대로"(κατ' εἰκόνα ἡμετέραν καὶ καθ' ὁμοίωσιν)(LXX, 창 1:26) 사람을 창조하시기로 작정하시고 "사람을 창조하시되 남자와 여자를 창조"(창 1:27)하셨다. 본문의 "형상"과 "모양"은 외형적인 모습을 가리키지 않는다. 왜냐하면 "하나님은 영이시기"(요 4:24) 때문에 하나님이 인간의 외형적인 모습과 같다고 말할 수 없기 때문이다. 하나님이 인간을 그의 형상대로 창조하셨다는 뜻은 하나님께서 인간에게 지성, 감성, 의지, 결정권 등 인간의 내재적 특성을 부여하여 창조하셨다는 것이다. 그런데 인간 창조의 구체적인 설명은 "여호와 하나님이 땅의 흙으로 사람을 지으시고 생기를 그 코에 불어넣으시니 사람이 생령이 되니라"(창 2:7)의 말씀에서 찾을 수 있다. 창조된 인간은 아담(Adam)과 같은 "생령"(living being)이 된 것이다(창 2:7과 고전 15:45의 비교).

그런데 "생령"이 된 아담이 하나님의 창조의 원리를 거역하고 범죄하기에 이른다(창 3:1-6). 범죄한 인간은 영원히 하나님과 불목의 관계에 놓이게 되었고 죄 값으로 영원히 죽을 수밖에 없는 형편에 놓이게 되었다. 이와 같은 처절한 형편에 처해 있는 인간을 구원하시기 위해 하나님은 그의 사랑으로 철저한 구원계획을 세우신다(창 3:15). 바울 사도가 "우리가 아직 죄인 되었을 때에 그리스도께서 우리를 위하여 죽으심으로 하나님께서 우리에 대한 자기의 사랑을 확증하셨느니라"(롬 5:8)라고 말한 말씀이 이를 증언한다. 우리가 아직 죄인으로 있을 때 하나님께서 구원 계획을 세우셨다.

우리는 아담과 하와가 뱀의 유혹을 받아 범죄하게 된 후 하나님께서 뱀에게 하신 말씀의 내용을 주의 깊게 묵상해야 한다. 하나님은 "여자의 후손"이 뱀의 후손의 머리를 상하게 할 것이라고 약속해 주신다(창 3:15). 하나님이 왜 "여자의 후손"이라고 "여자"를 구체적으로 언급하셨을까? 이 말씀은 여자의 몸을 통해 태어날 생령인 사람을 가리키고 있음이 확실하다. 하나님은 생령인 사람이 범죄하였기 때문에 생령인 사람을 대신하여 죄 값을 치러야 할 존재는 마땅히 사람이어야 함을 말씀하고 계신다. 그런데 아담과 하와가 범죄함으로 모든 인간은 죄인이 되었다(롬 5:12, 17-18). 죄인은 죄인을 구원할 수가 없다. 그러므로 메시아는 인간의 몸을 입고 태어나시지만 죄는 있을 수가 없다. 바울은 메시아이신 예수님이 인간의 몸은 입으셨지만 죄는 없으시다는 사실을 "죄 있는 육신의 모양"(롬 8:3)이란 표현을 사용하여 조심스럽게 잘 묘사해 주었다. 예수님은 "죄 있는 육신"을 입으신 것이 아니요, "죄 있는 육신의 모양"을 입으신 것이다. 천사는 인간의 죄 문제를 해결할 수 없다. 인간의 죄 문제를 해결할 메시아(Messiah)는 마땅히 인간의 몸을 입고 태어나셔야 한다.

하나님은 단순히 생령인 인간의 죄 문제를 해결하시기 위해 메시아를 "죄 있는 육신의 모양"으로 보내셨는가? 성경은 메시아가 인간의 몸을 입고 오신 더 큰 목적이 있다고 증언한다. 어쩌면 구원받은 성도가 예수님의 대속적 죽음 때문에 100% 구원을 받았다고 확인하면서도 계속해서 죄를 짓는다는 사실 자체가 인간의 몸을 입고 오신 메시아의 역할에 하나님의 더 큰 계획이 있음을 암시하고 있다고 생각된다.

메시아이신 예수님은 인간의 몸을 입으시고 인간이 겪을 모든 고난과 고통을 감내하시고 인간의 죄 문제 해결을 위해 십자가에서 죽으셨다. 인간이 지은 "죄의 삯은 사망"(롬 6:23)이기 때문에 우리를 대속하시기 위해 오신 메시아는 반드시 우리를 대신해서 죽으셔야만 한다. 예수님은 십자가의 죽음으로 사망을 정복하시고 완전한 구속을 성취하셨다. 성도들은 예수님을 구주로 믿음으로 예수님이 성취하신 모든 것을 전가(imputation) 받을 수 있게 되었다. 따라서 성도들은 예수님이 이루신 의를 전가 받아 의인이라 불릴 수 있게 된 것이다. 성도들은 예수님을 믿음으로 실제적인 의로운 존재(being)로 변화된 것이 아니요, 예수님의 의를 전가 받아 죄책을 면제받은 것이다. 따라서 성도들은 예수님을 구주로 믿은 후에도 현재의 몸을 가지고 살고 있는 동안에는 계속 죄를 지을 수밖에 없다.

하나님의 구원계획은 인간이 예수님의 공로로 구원받아 의롭다고 인정받았으나 계속 죄를 지을 수밖에 없는 상태로 남아있도록 마무리 하시지 않는다. 하나님은 예수님을 인간의 몸을 입히셔서 메시아로 이 땅에 보내셨고, 인간의 몸을 가진 메시아를 죽음에서 부활시키심으로 부활체를 입게 하셨다. 예수님이 부활체를 입으신 것은 성도들에게 부활체를 입도록 하시기 위해서이다. 그래서 바울은 "이제 그리스도께서 죽은 자 가운데서 다시 살아나사 잠자는 자들의 첫 열매가 되셨도다"(고전 15:20, 개역개정)라고 선언하신다. 부활체는 썩지 아니할 몸체요, 영광스러운 몸체요, 강한 몸체이다(고전 15:42-43). 부활체는 죄를 지을 수 없는 몸체로 영적인 세계에 적합한 몸체이다. 하나님은 아담이 창조된 인간의 몸체로 범죄하자 죄 문제를 해결할 메시아를 인간의 몸을 입혀 세상에 보내시고, 십자가의 죽음으로 죄 문제를 해결하셨으며, 부활체를 입게 하심으로, 성도들이 하나님 나라를 유업으로 받을 수 있게 하셨다(고전 15:50-56). 성도들이 부활체를 입고 살 신천신지(New Heaven and New Earth)는 죄 없는 세상으로 영원히 하나님을 경배하고 교제하며 살게 될 곳이다. 하나님은 성도들에게 이러한 복된 세상을 마련해 주시기 위해 예수님을 인간의 몸체를 입혀 메시아로 보내셔서 죽게 하시고 부활시키신 것이다. 하나님은 완벽한 신천신지에서 성도들이 죄를 지을 수 없는 완벽한 부활체를 입고 영원히 하나님과 교제하면서 살 수 있도록 하시기 위해 제 2위이신 예수님을 인간의 몸체를 입고 태어나게 하시고, 죽게 하시고, 부활시키신 것이다. 그러므로 예수님은 인간의 몸체를 입고 태어나셔야만 한다.

9. 성도의 궁극적 몸체는 어떤 몸인가요?

성도들이 예수님을 구주로 믿은 후에 부활을 경험할 수 없고 부활체를 입을 수 없다면 우리의 믿음도 헛되고 예수 믿는 자체가 쓸모없는 짓일 수밖에 없다. 그래서 바울은 성도들의 부활이 없으면 그리스도가 살아날 필요가 없었고, 하나님이 그리스도를 살릴 필요가 없었다고 단호하게 성도들의 부활이 반드시 있을 것임을 천명한다(고전 15:13,15-16). 여기서 바울 자신의 말을 직접 상고하는 것이 유익하리라 생각된다. 바울은 "만일 죽은 자가 다시 살아나는 일이 없으면 그리스도도 다시 살아나신 일이 없었을 터이요"(고전 15:16, 개역개정)라고 다소 생소한 논리로 성도들의 부활의 확실성을 선언한다. 바울의 이 말씀은 성도들의 부활이 없다면 2천 년 전에 부활하신 예수님의 부활이 아무 의미가 없다는 뜻이다.

바울은 이처럼 우리들의 논리와는 전혀 다른 특이한 논리로 성도들의 부활을 확증할 뿐만 아니라 또한 그의 서신에서 예수 그리스도의 부활을 묘사하면서 예수님이 그의 부활에서 항상 수동적인 역할을 한 것으로 묘사한다. 바울이 예수님의 부활을 묘사하는 모든 문장에서 하나님이 주어로 나타나면 예수님은 항상 하나님이 부활시키시는 대상으로 등장한다. 예수님이 문장의 주어로 등장할 경우는 자연히 문장이 수동태로 구성되어 역시 예수님이 하나님의 부활 행위의 대상이 되는 것으로 묘사된다(롬 4:25; 고전 15:20; 고후 5:15; 딤후 2:8). 바울 서신 중 유일하게 하나의 예외가 있는데 그 구절은 데살로니가전서 4:14이다. 바울은 여기서 "우리가 예수께서 죽으셨다가 다시 살아나심을 믿을진대"(살전 4:14)라고 함으로 예수님이 그의 부활에서 능동적인 역할을 하신 것처럼 묘사한다. 그러나 이 구절은 인용 구절이기 때문에 바울이 어쩔 수 없이 능동형을 사용했을 뿐 부활에서 예수님의 수동적 역할을 약화시킨 것은 아니다.

그러면 바울이 왜 이렇게 예수님이 자신의 부활에서 수동적인 역할을 한 것으로 묘사했을까? 그 이유는 성도들의 부활의 확실성을 증거하기 위해 예수님과 성도들을 동일선상에 두기를 원했기 때문이다. 바울은 하나님이 예수님을 그의 성령으로 부활시키신 것처럼 하나님께서 성도들도 성도들 안에 내주하시는 성령으로(고전 3:16; 6:19) 성도들을 부활시키실 것임을 분명히 하기를 원한 것이다(롬 8:11). 성도들은 예수님을 주와 그리스도로 믿음으로 예수님과 연합된 존재가 된다(롬 6:4; 8:17; 고후 7:3; 골 2:12; 3:1; 딤후 2:12). 그러므로 성도들은 예수님이 부활체를 입으신 것처럼 예수님의 재림 때에 부활체를 입게 될 것이다(고전 15:20-24). 이 진리가 무너지면 기독교는 허구요, 우리들의 믿음도 헛것이 된다.

그러면 성도들이 예수님의 재림 때에 입을 부활체는 어떤 몸체인가? 우선 예수님의 재림 때에 성도들이 입게 될 부활체의 특성을 논하기에 앞서 한 가지 분명히 해 둘 것은 성경에서 다시 살아난 사람들에 관한 기록이다. 예를 들면 예수님께서 야이로(Jairus)의 어린 딸을 살리신 사건(막 5:21-43)이나, 나인(Nain) 성 과부의 아들을 살리신 사건(눅 7:11-17)이나, 나사로(Lazarus)를 살리신 사건(요 11:17-44)이나, 또한 바울이 유두고(Eutychus)라 하는 청년을 살린 사건(행 20:9-12) 등과 예수님의 재림 때에 성도들이 부활체를 입고 살아날 사건과는 근본적으로 큰 차이가 있다는 사실이다. 야이로의 딸이나, 나인 성 과부의 아들이나, 나사로나, 유두고나 이들 모두는 다시 소생했을 뿐이다. 다시 말하면 그들은 모두 살리심을 받았을 때 그들이 가지고 있던 현재의 몸체로 다시 복귀되었고 그들의 생을 다 산 후에는 다시 죽은 것이다. 그러나 성도들이 예수님의 재림 때에 입을 부활체는 다시 죽지 않을 뿐만 아니라 죽을 수도 없는 특별한 몸체인 것이다.

그러면 성도들이 앞으로 입게 될 부활체는 어떤 몸체인가? 우리는 이 질문에 대한 답을 성경에서만 찾아야 한다. 성경은 예수님의 부활이 성도들의 부활의 첫 열매(the firstfruits)로 부활하셨음을 확실히 한다. 바울은 "이제 그리스도께서 죽은 자 가운데서 다시 살아나사 잠자는 자들의 첫 열매가 되셨도다"(고전 15:20, 개역개정)라고 함으로 예수님의 부활과 성도들의 부활의 떼려야 뗄 수 없는 관계를 설명한다. 이 말씀은 앞으로 예수님의 재림 때에 성도들이 입을 부활체가 예수님의 부활체와 같은 특성을 가진 부활체가 될 것이라는 뜻이다. 퍼거슨(Ferguson)은 "부활체는 죽었던 몸과 동일시 될 수 있으나, 부활 후에 우리 주님의 몸의 행동에서 명백히 나타나듯이 그 특성에서 동일하지 않다. 그 속성은 전에 있던 것들과는 현격히 대조된다. 이제는 능력이 있고 더 이상 약하지 않으며 죽음에 지배받지 않는다. 그 몸은 **영적인** 몸이요, 성령의 주권성에 적절하게 어울리는 존재 양식으로 변하였다."(Sinclair Ferguson, *The Holy Spirit*. Downers Grove: InterVarsity Press, 1996, p. 53)라고 예수님의 부활체의 특성을 잘 설명한다.

성경은 부활체와 연관하여 "첫 사람 아담은 생령이 되었다 함과 같이 마지막 아담은 살려 주는 영이 되었나니"(고전 15:45; 참고, 창 2:7)라고 함으로 아담(Adam)과 그리스도(Christ)를 비교한다. 이 말씀은 현재 우리 성도들이 입고 있는 몸체는 아담의 질서에 따른 몸체인데 성도들이 부활할 때는 그리스도의 질서를 따른 "살려 주는 영"과 같은 몸체를 입게 될 것임을 뜻하는 것이다. 여기서 분명히 해야 할 것은 성도들이 예수님의 부활체와 같은 몸체를 입게 된다고 해서 창조주(the Creator)와 피조물(the creation)의 구분이 없어진다는 것은 아니다. 예수님은 계속해서 창조주 하나님이시요, 성도들은 피조물로 남아 있다. 그리고 성경은 "육의 몸이 있은즉 또 신령한 몸이 있느니라"(고전 15:44)라고 성도들의 현재의 몸이 근거가 되어 부활체를 입게 될 것임을 분명히 한다. 이 말은 부활체를 입을 사람은 현재의 몸체를 입어 본 사람으로 예수님을 구주로 믿는 사람이라고 가르치는 것이다. 그러므로 천사(angel)는 절대로 성도가 입을 부활체를 입을 수가 없다.

바울 사도는 성도들이 입게 될 부활체는 "썩지 아니할 것," "영광스러운 것," "강한 것"(고전 15:42-43)이라고 묘사하며, 결국 이 몸체는 "신령한 몸"이라고 묘사한다(고전 15:44). "신령한 몸체"(spiritual body)는 영적 세상에 적합한 몸체로 시간과 공간을 초월할 수 있고(요 20:26-27), 살과 뼈가 있고(눅 24:39), 음식을 먹을 수 있고(눅 24:41-43), 다른 사람이 식별할 수 있으며(눅 24:39), 다른 사람이 만질 수도 있는 몸체이다(눅 24:39). 성도들은 이와 같은 영광스러운 몸체를 입게 될 것을 내다보면서 감사의 삶을 살아야 하고 주의 일을 열심히 해야 한다(고전 15:57-58). 바울은 "만일 땅에 있는 우리의 장막집이 무너지면 하나님께서 지으신 집 곧 손으로 지은 것이 아니요 하늘에 있는 영원한 집이 우리에게 있는 줄 아느니라 참으로 우리가 여기 있어 탄식하며 하늘로부터 오는 우리 처소로 덧입기를 간절히 사모하노라"(고후 5:1-2, 개역개정)라는 말로 성도들이 부활체를 소망하면서 살고 있다고 천명한다. 성도들은 아담(Adam)의 질서를 따라 현재의 몸체를 입은 것같이 예수님의 재림 때에 예수님의 부활의 질서에 따라 신령한 몸체인 부활체를 입게 될 것이다(고전 15:45).

10. 로마서와 야고보서는
상충되는 건가요?

예수를 믿는 성도들은 자신이 죄인인 것을 확실하게 인정한다. 매일 매일의 생활 속에서 살인이나 강도와 같은 큰 죄는 범하지 않을지라도 거짓말이나 시기와 질투 그리고 미워함과 같은 비교적 경하게 보이는 죄는 항상 범하고 살기 때문이다. 성경은 "누구든지 온 율법을 지키다가 그 하나를 범하면 모두 범한 자가 되나니"(약 2:10, 개역개정)라고 함으로 모든 사람이 죄인일 수밖에 없음을 분명히 한다. 성경은 모든 사람이 죄 아래 있다고 선언하고(롬 3:9), 그러므로 "의인은 없나니 하나도 없다"(롬 3:10)라고 확인한다. 그래서 성도들은 하나님께서 인간의 공로가 아니라 하나님의 방법인 "그리스도로만," "은혜로만," "믿음으로만" 구원을 받을 수 있도록 계획하시고 실행하시는 사실에 대해 감사와 찬양을 돌린다. 왜냐하면 인간의 행위로나 공로로 구원을 받도록 계획을 세우셨더라면 한 사람도 구원을 받을 수 없었을 것이기 때문이다.

그런데 우리들이 성경을 연구해 보면 믿음으로만 구원을 받을 수 있다고 강조한 성경이 로마서(Romans)임을 금방 알아차릴 수 있다. 바울은 "사람이 의롭다 하심을 얻는 것은 율법의 행위에 있지 않고 믿음으로 되는 줄 우리가 인정하노라"(롬 3:28, 개역개정)고 가르치고, "오직 의인은 믿음으로 말미암아 살리라"(롬 1:17)고 선포한다. 바울은 아브라함(Abraham)의 믿음을 강조하면서 "만일 아브라함이 행위로써 의롭다 하심을 받았으면 자랑할 것이 있으려니와 하나님 앞에서는 없느니라 성경이 무엇을 말하느냐 아브라함이 하나님을 믿으매 그것이 그에게 의로 여겨진 바 되었느니라"(롬 4:2-3)고 믿음을 강조한다. 이처럼 로마서는 믿음으로만(faith only) 구원을 얻을 수 있다고 강조해서 가르친다.

그런데 같은 성경인 야고보서(James)는 "사람이 행함으로 의롭다 하심을 받고 믿음으로만은 아니니라"(약 2:24)라고 가르치고, "행함이 없는 믿음은 그 자체가 죽은 것이라"(약 2:17), "행함으로 믿음이 온전하게 되었느니라"(약 2:22), "영혼 없는 몸이 죽은 것같이 행함이 없는 믿음은 죽은 것이니라"(약 2:26)고 가르친다. 야고보는 행함을 강조하고 있음에 틀림이 없다. 믿음으로만 의롭게 될 수 있다는 이신칭의(justification by faith)를 강조한 루터(Luther)까지도 야고보서가 행위를 강조하고 있다고 생각하여 한 때 야고보서를 "지푸라기 서신"(epistle of straw)이라고 주장한 바 있다(Cf. R.C. Sproul, "The Establishment of Scripture," *Sola Scriptura!: The Protestant Position on the Bible*, General Editor, Don Kistler, Morgan, PA: Soli Deo Gloria Publications, 1995, p. 65). 물론 루터는 후에 자신의 견해를 수정하여 야고보서를 정경으로 확실하게 인정했다.

이처럼 얼핏 보기에 이상에 언급된 로마서와 야고보서의 구절들은 바울과 야고보가 서로 다른 교훈을 가르치고 있는 것처럼 보이게한다. 표면적으로 볼 때 바울은 믿음으로만 구원을 받을 수 있다고 가르치고, 반대로 야고보는 행위로 구원을 받을 수 있다고 가르치는 것 같다. 하지만 이런 구절들을 근거로 바울과 야고보가 정면충돌하는 것처럼 이해하는 것은 저자들의 본 뜻을 왜곡하는 것이다. 우리는 이 문제를 바울과 야고보의 관심의 차이에서 찾아야 하고, 바울과 야고보가 같은 용어를 다른 방법으로 사용하고 있는 점에서 찾아야 한다. 예레미아스(Jeremias)는 이 문제를 야고보가 공격하고 있는 믿음의 개념은 단순히 "단일신론을 지적(知的)으로 수용하는 것"을 가리키는 반면, 바울이 옹호하고 있는 믿음의 개념은 "그리스도께서 나의 죄를 위해 죽으셨다는 확신"이라는 말로 정리한다.(J. Jeremias, "Paul and James," *Expository Times*, LXVI, 1955, p. 370.)

이 주제에 대한 헨드릭센(Hendriksen)의 명료한 요약은 우리들의 이해에 큰 도움을 준다. 헨드릭센은 "야고보는 진정한 믿음을 대단히 높이 평가한다(약 1:3, 6: 2:1, 5, 22-24: 5:15). 야고보가 정죄하는 믿음은 죽은 정통의 믿음이요 귀신들의 믿음이다(약 2:19). 바울 역시 그런 믿음을 강렬하게 정죄한다. 반대로 바울은 믿음의 열매로 선한 행위가 필요함을 확고하게 믿는 사람이다(롬 2:6-10: 고후 9:8: 엡 6:23: 골 1:4: 살전 1:3: 살후 2:17). 우리가 야고보를 인정하지 않으면, 우리는 주님의 교훈 자체를 인정하지 않는 것이다. 왜냐하면 이미 우리가 본 것처럼 주님과 야고보 사이에는 대단히 밀접한 유사성이 있기 때문이다."(William Hendriksen, *Survey of the Bible*. Grand Rapids: Baker, 1976, pp. 317-318.)라고 바르게 정리한다.

우리는 야고보서의 저자 야고보가 예수님의 친동생 야고보라는 사실에 주목할 필요가 있다. 이 말은 야고보는 같은 지붕 밑에서 예수님과 함께 어깨를 비비면서 가정생활을 한 예수님의 가족의 한 사람이라는 뜻이다. 야고보는 매일 매일 예수님의 삶에서 사랑과 낮아짐(약 1:10)과 온유(약 1:21)와 인내(약 1:3; 5:7, 11)와 경건(약 1:27)과 성결(약 3:17)과 순종(약 3:3)과 말 조심(약 3:1-3)과 거짓이 없는 것(약 3:17)과 화평(약 3:17)과 이웃을 판단하지 않는 것(약 4:11-12)과 하나님께 의존하는 것(약 4:7-8)을 근거리에서 목격한 사람이다. 우리는 야고보서에서 가르치신 교훈과 예수님께서 산상보훈(마 5장-7장)에서 가르치신 교훈이 많은 부분에서 일치한 사실에 주목하여야 한다(마 5:7과 약 2:13 비교; 마 5:9과 약 3:18 비교; 마 5:34,35과 약 5:12 비교; 마 7:7과 약 1:5 비교; 마 7:12과 약 2:8 비교; 마 7:24과 약 1:22 비교, 등). 이처럼 예수님의 삶과 교훈을 직접 보고 들은 야고보는 예수님을 주님으로 믿는 성도라면 그의 삶이 예수님처럼 바른 행위가 뒤따라야 한다는 사실을 강조하지 않을 수 없었다. 그래서 야고보는 "사람이 행함으로 의롭다 하심을 받고 믿음으로만은 아니니라"(약 2:24)는 논쟁의 대상이 되는 표현을 할 때에도 대단히 조심스럽게 접근하고 있음을 알 수 있다. 야고보는 행위를 강조한 후에 "믿음으로만은 아니니라"(not by faith alone: οὐκ ἐκ πίστεως μόνον)고 믿음과 연관하여 "모논"(alone) 즉 "만은"을 강조하여 사용함으로 믿음의 역할을 부인하지 않고 있다.

야고보서는 바울의 이신칭의 교리를 반대하지 않는다. 야고보는 믿음의 필요성을 부인하지 않으며 바른 믿음은 반드시 행위를 산출하게 되어있음을 강조한다. 믿음과 행위는 상호 보완적이지 서로 상충되는 것은 아니다. 야고보는 믿음과 행위의 관계를 설명하고 있으며, 바울은 믿음과 칭의의 관계를 설명하고 있다. 그러므로 바울과 야고보는 다른 구원방법을 제시하고 있는 것이 아니다.

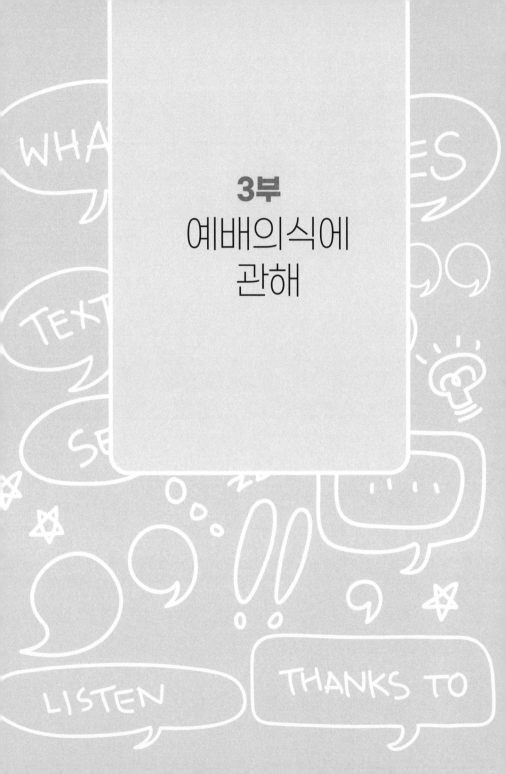

3부
예배의식에 관해

1. 교회는 구약의 제사제도를 왜 지키지 않나요?

우선 구약의 제사제도에 관해 고찰하기 전에 우리는 하나님께서 예수 그리스도 중심적으로 구속역사를 진행하고 계심을 인식해야하며 또한 성경은 하나님의 구속역사 진행에 따른 계시를 언어로 기록한 하나님의 말씀임을 인정해야 한다. 그러므로 구약은 메시아(Messiah)이신 예수 그리스도께서 성취하실 구속의 사건을 예언적으로 기록한 것이요, 신약은 이미 성취된 구속의 사건을 설명하거나 해석하는 방법으로 그 내용을 기록한 것이다. 이 말씀은 구약의 제사제도를 구속 역사의 전망으로 관찰하지 아니하면 이해하기 힘들다는 말이다.

하나님은 메시아를 보내주시기 전 구약에서 하나님의 백성이 하나님과 바른 관계를 가지고 살 수 있도록 하시기 위해 그리고 이웃과 형제와도 바른 관계를 가지고 살 수 있도록 하시기 위해 하나님의 말씀을 점진적으로 계시해 주신다. 그러므로 구약은 메시아가 오시기 전에 하나님께서 그의 백성에게 주신 하나님의 말씀이다. 그런데 구약을 총칭할 때 예수님은 "모세의 율법과 선지자의 글과 시편"(눅 24:44)이라는 표현을 사용하셨다. 이는 구약 각 책의 특성에 따라 구약 전체를 가리킬 때 사용하는 표현이다. 그런데 구약을 율법적인 관점에서 그 내용에 따라 구분하면 의식적 율법, 시민적 율법, 그리고 도덕적 율법으로 요약해서 정리할 수 있다. 이와 같은 요약은 하나님의 백성이 지켜야 할 구약 율법의 특성을 고려해서 구분한 것이다. 하나님이 그의 백성들에게 율법을 주신 것은 그들의 믿음과 순종을 테스트하기 위한 것이라고 생각할 수 있다.

의식적 율법(ceremonial law)은 죄 문제와 관련하여 모든 제사의식에 관한 율법이다. 구약은 하나님의 백성이 필요에 따라 번제(burnt offering: 레 1:1-17), 소제(grain offering: 레 2:1-16), 화목제(peace offering: 레 3:1-17), 속죄제(sin offering: 레 4:1-5:13), 속건제(guilt offering: 레 5:14-6:7)를 드려야 한다고 가르친다. 그런데 예수님께서 십자가상의 죽음으로 자신을 드려 구약의 모든 제사제도를 완성하신 것이다(히 7:27). 예수님이 죽으실 때 성전의 휘장이 찢어진 사실은 의식적인 율법의 완성을 가리킨다(마 27:51; 히 6:19-20). 이 말씀은 예수님 자신이 구약의 제사제도를 완성하신 성전(temple)이시라는 뜻이다. 요한 사도는 예수님이 헤롯 성전을 가리키시면서 "이 성전을 헐라 내가 사흘 동안에 일으키리라"(요 2:19)라고 말씀하셨을 때, 유대인들이 "이 성전은 사십 육년 동안에 지었거늘 네가 삼일 동안에 일으키겠느냐"(요 2:20)라고 의구심을 나타내자 예수님께서 "성전된 자기 육체를 가리켜 말씀하신 것이라"(요 2:21, 개역개정)고 말씀하셨다고 전한다. 이 말씀은 예수님이 그의 십자가상의 죽음으로 구약의 성전 제도를 완성하신 성전이심을 확인하는 것이다. 만약 우리 성도들이 주 예수 그리스도가 성전이시요, 구약의 제사의식을 완성하셨음을 믿지 않는다면, 우리는 아직도 구약의 제사의식을 지켜야 할 것이다. 그러나 우리는 그런 복잡한 제사의식을 지키지 않고 이런 의식이 예수 그리스도 안에서 완전히 성취된 것을 믿는다. 우리는 바울이 "내가 하나님의 모든 자비하심으로 너희를 권하노니 너희 몸을 하나님이 기뻐하시는 거룩한 산 제물로 드리라 이는 너희가 드릴 영적 예배니라"(롬 12:1)라고 말씀한 내용에 주목하여야 한다. 신약의 성도들은 구약의 제사의식을 지키면서 신앙생활 하는 것이 아니요, 우리를 대신해서 구약의 제사의식을 완성해 주신 예수님을 믿고 예수님이 보여주신 삶처럼 살아야 한다. 그러므로 성도는 예수님을 잘 믿고 행하면 구약의 제사의식을 지키는 셈이다.

시민적 율법(civil law)은 하나님이 신정 정치를 하실 때 이스라엘 백성에게 주신 율법이다. 종에 관한 법(출 21:1-11: 신 15:12-18), 폭행에 관한 법(출 21:12-27), 배상에 관한 법(출 22:1-15) 등이 시민적 율법이다. 그러나 이제 신약의 성도들은 구약의 이스라엘처럼 신정 국가 체제로 신앙 생활하는 것이 아니요, 기록된 하나님의 말씀에 따라 믿음의 공동체를 이루어 신앙생활을 하게 되어 있다. 신약의 교회는 이스라엘 백성들만을 위한 공동체가 아니다. 예수님은 유대인들의 배척에 "하나님의 나라를 너희는 빼앗기고 그 나라의 열매 맺는 백성이 받으리라"(마 21:43, 개역개정)라고 말씀하셨다. 이 말씀은 하나님이 구약의 이스라엘만 국한하지 않고 신약의 교회도 다스리고 계심을 뜻한다(참조, 벧전 2:9-10). 따라서 구약 이스라엘을 위해 주신 시민적인 율법도 예수님 안에서 완성되었다. 성도가 그리스도 안에서 하나님의 말씀대로 성실한 신앙생활을 하면 시민적 율법을 지키는 것이나 다름없다.

도덕적 율법(ethical law)은 "부모를 공경하라," "살인하지 말라," "간음하지 말라," "도둑질 하지 말라"와 같은 인간의 삶과 직결된 도덕에 관한 율법이다. 성도들은 신약시대에도 이런 도덕은 당연히 지켜져야만 하는 것 아닌가라는 생각 때문에 예수님이 의식적 율법과 시민적 율법은 성취하셨으나 도덕적 율법은 성취하시지 않은 것으로 착각할 수 있다. 그러나 예수님이 의식적 율법과 시민적 율법을 성취하신 것처럼 도덕적 율법도 그의 죽음과 부활로 성취하셨기 때문에 우리들은 예수님을 믿음으로 도덕적 율법도 지키게 되는 것이다. 성도들은 예수님을 믿음으로 도덕적 율법을 진정으로 실천할 수 있게 된다. 예수님은 성령을 우리에게 주셔서 도덕적 율법을 지킬 수 있게 하신다. 왜냐하면 도덕적 율법을 지킬 수 있는 길은 오로지 사랑으로만 가능한데 성령께서 우리에게 참다운 사랑을 실천할 수 있는 힘을 주시기 때문이다. 하나님의 사랑을 경험한 자만이 도덕적 율법을 지킬 수 있다.

예수님은 친히 "내가 율법이나 선지자를 폐하러 온 줄로 생각하지 말라 폐하러 온 것이 아니요 완전하게 하려 함이라"(마 5:17, 개역개정)고 말씀하셨다. 예수님의 생애는 구약의 율법을 완성하는 삶이지 구약을 폐기하기 위한 것이 아니다. 구약을 폐기하는 것은 하나님의 원래의 계획이 아니다. 칼빈(Calvin)은 "의식적 율법들은 그 효과에 있어서는 폐기된 것이 아니요 오직 용도만 폐기된 것이다. 그리스도께서 그의 오심으로 그것들을 종결시켰지만 그것들의 어떤 거룩성도 박탈하시지 않았다. 오히려 예수님은 그것들을 인정하셨고 높이 평가하셨다."(Calvin, *Institutes of the Christian Religion*, Bk II, Chapter VII, 16 (Vol. 1, p. 364)라고 설명한다. 비록 구약의 모든 율법이 예수 그리스도 안에서 완전하게 성취되었지만 성도들은 지금도 구약의 내용을 하나님의 말씀으로 받고 그 내용을 공부해야 한다. 왜냐하면 구약의 율법의 효과는 살아있기 때문이다. 그럴 때에 그리스도가 성취하신 내용이 얼마나 풍부한 것인지를 알게 된다. 메시아이신 예수 그리스도를 철저하게 잘 믿을 때 그리고 그가 보여주신 삶처럼 살 때 우리는 구약의 모든 율법을 지키는 셈이 된다.

2. 현재에도 사도가 있나요?

요즈음 "신사도 운동"이란 말을 자주 듣는다. 어떤 이들은 예수님의 12사도와 같은 사도가 오늘날도 존재하는 것처럼 가르치고 있다. 넓은 의미로 사도는 "보냄을 받은 자"라는 뜻을 가지고 있기 때문에 현재에도 사용될 수 있다. 하지만 현재 신약교회 내에는 예수님의 12사도와 같은 반열에 속하는 사도는 존재할 수 없다. 성경은 예수님께서 특별한 목적으로 12사도를 세우셨다고 강조한다(막 3:13-19). 마가(Mark)는 "이에 열둘을 세우셨으니"(막 3:14, 16)라는 표현을 두 번이나 사용함으로 예수님이 12사도를 특별하게 세우셨음을 강조하고 있다.

예수님이 12사도를 택하셔서 훈련시키신 것은 특별한 목적이 있어서이다. 예수님은 자신의 죽음과 부활 후에 교회를 설립하실 것을 내다보시면서 사도들을 준비시키셨다(마 16:18). 예수님은 12사도를 훈련시켜 신약교회의 설립을 위한 터로 삼으셨다(엡 2:20).

예수님은 안드레(Andrew)의 소개로 베드로(Peter)를 처음 만났을 때 그의 이름을 바꾸어 주신다. "네가 요한의 아들 시몬이니 장차 게바라 하리라"(요 1:42, 개역개정). 게바(Cephas)는 번역하면 베드로이다. 그런데 예수님이 십자가의 죽음을 얼마 남겨 두지 않으신 시점에서 시몬 베드로가 "주는 그리스도시요 살아 계신 하나님의 아들이시니이다"(마 16:16, 개역개정)라는 유명한 신앙고백을 했을 때, 예수님은 "바요나 시몬아 네가 복이 있도다 이를 네게 알게 한 이는 혈육이 아니요 하늘에 계신 내 아버지시니라 또 내가 네게 이르노니 너는 베드로라 내가 이 반석 위에 내 교회를 세우리니 음부의 권세가 이기지 못하리라"(마 16:17-18, 개역개정)고 말씀하신다. 예수님의 말씀 중 베드로를 처음 만났을 때는 "장차 게바라 하리라"고 미래시상을 사용하여 말씀하셨고(요 1:42), 가이사랴 빌립보(Caesarea Philippi) 지방에서 시몬의 유명한 신앙고백을 들으신 후에는 "너는 베드로라"(You are Peter.)고 현재시상을 사용하여 말씀하신(마 16:18) 사실은 의미심장하다. 또한 예수님께서 "너는 베드로라 내가 이 반석 위에 내 교회를 세우리라"고 교회의 설립 시기를 미래로 남겨둔 사실도 의미심장하다. 이 말씀은 신약교회의 설립은 예수님의 죽음과 부활 이후에 있을 것임을 증언한다.

오순절 성령 강림 사건과 함께 신약교회가 설립되었다. 신약교회는 예수님의 죽음과 부활을 증거할 책임을 가지고 설립된 신앙 공동체이다(마 28:18-20; 눅 24:46-48; 행 1:8). 예수님의 죽음과 부활을 통한 구속성취는 우리들의 구원의 근거가 되는 구원의 메시지이며(롬 10:9-10), 신약교회는 이 구원의 메시지를 선포함으로 그리스도에게 속한 성도들을 교회 안으로 인도하는 사명을 감당한다. 즉, 신약교회는 구속의 메시지를 전파해야 할 분명한 책임을 가지고 있다.

그러므로 가이사랴 빌립보 지방에서 베드로의 신앙고백을 들은 예수님은 자신의 죽음과 부활을 미래로 남겨둔 상황에서 곧바로 교회를 설립하실 수가 없었다. 이처럼 열두 사도는 신약교회의 설립을 위해 준비된 특별한 사람들이다.

그런데 예수님의 공생애 기간 중 12제자 중의 한 사람인 가룟 유다가 사도(Apostle)의 사명을 다하지 못하고 배반자로 탈락된다. 사도들은 예수님의 죽음과 부활 그리고 승천의 사건이 있은 이후, 그리고 신약교회의 설립이 있기 이전에 가룟 유다 대신 맛디아(Matthias)를 택해서 12사도의 숫자를 채운다. 숫자 12는 완전을 의미한다. 신약교회가 설립되기 이전에 그 터의 역할을 할 사도의 숫자가 12로 채워져야 한다. 그래서 사도행전은 오순절 사건이 발생하기 이전에 사도행전 1장에서 가룟 유다의 자리를 채울 사도로 맛디아를 선택한 사실을 기록한다(행 1:21-26). 신약교회가 설립되기 이전에 그 터(foundation)의 역할을 할 사도로 맛디아를 택한 것은 하나님의 치밀한 계획이다. 맛디아를 선택할 때 사도의 자격이 제시된다. 첫째, 사도는 예수님의 공생애 기간 중 함께 다닌 사람으로 예수님의 교훈과 행위를 목격하고 증거할 수 있는 사람이어야 한다. 둘째, 사도는 예수님의 부활을 증거할 수 있는 사람이어야 한다(행 1:21-22). 결국 사도는 예수님의 구속성취 사역과 그의 교훈을 선포할 수 있는 사람이어야 한다. 신약교회는 예수님의 구속성취의 복음의 말씀을 터로 삼고 설립되는 것이다. 따라서 초대교회가 "사도의 가르침을 받아"(행 2:42) 활동한 사실은 큰 의미를 시사하고 있다. "사도의 가르침"은 예수님의 구속성취와 교훈을 선포하는 것이며 바로 이 "예수님의 구속성취와 교훈"은 신약성경에 성령의 감동으로 기록된 것이다. 그러므로 신약성경이 기록된 이후에 사도의 존재는 더 이상 필요하지 않다. 12사도는 신약교회의 터 역할을 감당함으로 그들의 사명을 다한 것이다.

우리는 같은 전망으로 야고보(James) 사도가 순교했을 때 야고보 대신 다른 사도를 선택하지 않은 사실에 주목해야 한다(행 12:2). 우리는 사도들이 가룟 유다 대신에는 맛디아를 선택하여 열둘을 채웠는데, 야고보 사도가 순교했을 때는 왜 그 후계자를 선택하지 않았는지 주목하지 않을 수 없다. 비록 성경은 그 이유를 분명히 밝히고 있지 않으나, 우리는 사도들의 활동으로 신약교회가 확고히 설립된 이후에는 사도들의 후계자를 계속 세울 필요가 없었던 것으로 추정해 볼 수 있다. 이는 신약교회가 설립된 이후 사도들이 그들의 터의 역할을 완성하고 그들의 연한을 다 채웠을 때 하나님께서 그 후계자들을 계속 세우시지 않으신 역사적 증거가 뒷받침해 주고 있다.

하나님은 교회 설립을 위해 사도들을 택하시고, 훈련시키셔서 그들을 제 2의 교회의 터로 삼으시고(엡 2:20) 신약교회가 든든히 서 갈 때 그들을 역사의 현장에서 퇴장하게 만드셨다. 일단 신약교회의 터가 놓인 다음에는 터가 더 이상 필요하지 않기 때문이다. 이 말씀은 사도들이 그들의 사명과 책임을 다했을 때 하나님은 더 이상 그들의 역할을 필요로 하지 않으셨다는 뜻이다. 부활 승천하신 예수님은 사도들의 지도하에 신약교회가 설립되는 것을 원하셨고, 일단 신약교회가 설립되자 교회를 통해 자신이 시작한 천국 운동을 계속해 나가기 원하셨다. 따라서 예수님의 12사도와 같은 사도는 오늘날은 존재하지 않는다.

그러면 바울 사도의 경우는 어떻게 이해해야 하는가? 바울은 자신이 그리스도로부터 사도로 인정받은 종임을 분명하게 밝힌다(롬 1:1; 고전 1:1; 고후 1:1; 엡 1:1; 골 1:1; 딤전 1:1; 딤후 1:1; 딛 1:1). 바울은 특별한 목적과 함께 선택받은 사도이다. 주님께서 친히 "이 사람은 내 이름을 이방인과 임금들과 이스라엘 자손들에게 전하기 위하여 택한 나의 그릇이라"(행 9:15)고 말씀하셨다. 부활하신 주님께서 바울을 가리켜 직접 택하신 그릇이라고 분명히 하셨다. 바울이 비록 12사도에 속하지는 않았지만 온전한 의미에서 사도로 인정받을 수 있었던 것은 그가 부활하신 주님을 직접 만났고, 주님으로부터 주님이 성취하신 복음을 땅 끝까지 전파하라는 선교의 특명을 받았기 때문이다(행 1:8; 고후 5:16-21). 주님은 구속역사 성취를 위해 12사도를 택하셔서 신약교회의 기초가 되게 하시고, 바울 사도를 선택하셔서 구속의 복음을 어떻게 전해야 할지를 보여 주셨다. 12사도나 바울 사도는 구속역사 진행과 완성을 위해 그들의 역할을 잘 감당한 것이다. 성경은 12사도나 바울 사도와 같은 사도를 계속 세워야 한다고 가르치지 않는다. 그들은 그들의 사명을 다함으로 더 이상 존재할 필요도 없고 존재하지도 않는다.

여기서 오해를 불식시키기 위해 마무리하기 전에 한 마디 부언한다면 성경은 사도라는 용어를 넓은 의미로도 사용한다. 성경은 "사도"($ἀπόστολος$)라는 용어를 "보냄을 받은 자"(요 13:16)의 뜻으로 사용하였고, 바울은 에바브로디도를 "너희 사자"($ὑμῶν\ ἀπόστολον$)라고 부를 때 "사도"라는 용어를 사용하였고(빌 2:25), 교회의 "여러 형제들"을 가리켜 "교회의 사자들"($ἀπόστολοι\ ἐκκλησιῶν$)이라고 표현할 때도 "사도"라는 용어를 사용했다(고후 8:23). 그리고 누가는 바울을 돕고 협력한 바나바를 가리켜 "사도"라고 불렀으며(행 14:14), 특히 히브리서는 그리스도를 가리켜 "사도"라고 칭했다(히 3:1). 이처럼 "사도"라는 용어는 일반적으로 예수님의 12사도를 가리킬 때 사용되었지만 좀 더 넓은 의미로 활용되기도 했다. 신사도 운동은 12사도와 같은 반열에 속하는 사도가 지금도 계속 존재하고 있다고 주장하기 때문에 잘못된 것이다.

3. 신약교회가 왜 존재해야 하나요?

신약교회의 설립은 오순절(the Pentecost)로 거슬러 올라간다. 오순절에 베드로의 설교를 듣고 회개한 성도들의 수가 삼천이 되었다(행 2:41). 이 성도들의 모임이 신약교회의 시작이다. 하나님께서 죄 문제 해결을 위한 구속역사를 진행하시는데 그 계획 속에 신약교회의 설립이 예정되어 있었다. 예수님의 죽음과 부활이 오순절 사건과 연계되어 있었고 그리고 오순절 사건은 신약교회의 설립과 필연적으로 연계되어 있었다. 그래서 예수님은 오순절 성령강림을 내다보시면서 "내가 너희에게 실상을 말하노니 내가 떠나가는 것이 너희에게 유익이라 내가 떠나가지 아니하면 보혜사가 너희에게로 오시지 아니할 것이요 가면 내가 그를 너희에게로 보내리니 그가 와서 죄에 대하여, 의에 대하여, 심판에 대하여 세상을 책망하시리라"(요 16:7-8, 개역개정)고 말씀하셨다. 여기서 "떠나가는 것"은 예수님의 죽음을 뜻한다. 그리고 보혜사(the Counselor)를 보내 주신다는 것은 오순절 사건을 내다보고 하신 말씀이다(요 14:16; 15:26; 16:13 참조). 죽음을 앞에 둔 예수님은 죽음 너머에 있을 오순절을 바라보시면서 "내가 떠나가는 것이 너희에게 유익"하다고 말씀하신다.

그 이유는 우리들의 죄 문제를 해결하기 위해서는 예수님의 죽음과 부활이 필요하고, 예수님의 죽음과 부활을 통한 구속이 성취된 후에 오순절 사건이 있게 될 것이며 신약교회가 설립될 것이기 때문이다.

예수님은 공생애 초기에 안드레(Andrew)의 소개로 베드로(Peter)를 만났을 때 처음 보는 베드로를 향해 "네가 요한의 아들 시몬이니 장차 게바라 하리라"(요 1:42)고 하심으로 베드로가 "장차 반석(게바)"이 될 것을 말씀하신다. 그런데 삼년의 공생애가 끝날 즈음 예수님은 제자들과 함께 가이사랴 빌립보(Caesarea Philippi) 지방에 전도 여행을 가셨을 때 두 가지 질문을 제자들에게 하셨다. 첫 번째 질문은 "사람들이 인자를 누구라 하느냐"(마 16:13)이며, 두 번째 질문은 "너희는 나를 누구라 하느냐"(마 16:15)였다. 첫 번째 질문에 대한 제자들의 답은 예수님에게 만족스러운 것이 아니었다. 제자들은 사람들이 인자(the Son of Man)를 세례요한, 엘리야, 예레미야, 선지자 중의 하나(마 16:14) 정도로만 생각한다고 대답했다. 그런데 두 번째 질문에 대해 베드로가 "주는 그리스도시요 살아 계신 하나님의 아들이시니이다"(마 16:16, 개역개정)라는 유명한 신앙 고백으로 답을 했다. 이 신앙 고백을 들으신 예수님은 대단히 만족하셨다. 그리고 예수님은 "바요나 시몬아 네가 복이 있도다 이를 네게 알게 한 이는 혈육이 아니요 하늘에 계신 내 아버지시니라"(마 16:17)고 베드로를 칭찬하신 후, 예수님은 "너는 베드로라 내가 이 반석 위에 내 교회를 세우리니 음부의 권세가 이기지 못하리라"(마 16:18, 개역개정)고 말씀하셨다. 여기서 우리는 예수님께서 베드로에게 공생애 초기에 하신 말씀과 가이사랴 빌립보 지방에서 그의 신앙 고백을 들으신 후에 베드로에게 하신 말씀의 차이를 본다. "장차 게바라 하리라"(요 1:42)는 미래 시상에서 "너는 베드로라"(마 16:18)는 현재시장으로 변한 것이다. 즉, "너는 장차 반석이 될 것이다"에서 "너는 지금 반석 이다"로 변한 것이다.

그러면 왜 이런 변화가 발생했는가? 이는 예수님의 구속 사역의 진행과 관련되어 나타나는 변화이다. 예수님을 주님과 하나님의 아들이라고 고백할 수 없을 때에는 "너는 반석이다"라고 말할 수 없었지만 예수님을 주님과 하나님의 아들로 고백할 때 "너는 반석이다"라고 말할 수 있게 되었다. 그런데 우리는 교회 설립 시기에 대한 예수님의 말씀에 주목해야 한다. 예수님은 베드로에게 "너는 반석이다"라고 말씀하셨지만 "이 반석 위에 내 교회를 지금 세운다"라고 말씀하시지 않고 "이 반석 위에 내 교회를 앞으로 세울 것이다"라고 미래 시상으로 말씀하셨다. 왜 예수님은 지금 당장 내 교회를 세운다고 말씀하지 않으셨을까? 그 이유는 죄 문제를 해결하고 구속을 완성하게 될 예수님의 죽음과 부활의 사건이 그 당시로 보아서는 아직 미래로 남아 있었기 때문이다. 구속의 성취 사건이 발생하기도 전에 그 구속의 복음을 책임지고 전파할 교회를 설립할 수 없었기 때문이다. 예수님의 죽음과 부활 이전에 신약교회를 설립하면 신약교회는 전파할 구체적인 메시지(Message) 없이 존재하게 된다. 그러므로 신약교회의 설립은 예수님의 죽음과 부활, 오순절 성령 강림 사건과 밀접하게 연계되어 있음을 볼 수 있다.

그러면 신약교회의 설립 목적은 무엇인가? 먼저 신약교회는 믿음의 공동체로 하나님이 기뻐하시는 예배를 드려야 한다(롬 12:1-2). 이 예배는 구약시대처럼 죽은 제물을 바치는 것이 아니요, 성도들의 살아있는 몸을 바치는 것이다. 그리고 신약교회는 예수님의 몸으로 세상을 향해 예수님을 대표하는 역할을 감당해야 한다(고전 12:12-27). 우리의 몸이 세상을 향해 나 자신을 대표하는 것처럼 신약교회는 "그리스도의 몸"(고전 12:27)으로 세상을 향해 그리스도를 대표하는 것이다. 나를 외적으로 대표하는 나의 몸이 잘못을 저지르면 내가 욕을 먹는 것처럼, 그리스도의 몸인 교회가 잘못을 저지르면 그리스도가 욕을 먹게 된다. 반대로 그리스도의 몸인 교회가 칭찬받을 일을 하면 그리스도가 높임을 받게 된다. 또한 신약교회는 예수님께서 성취하신 구속의 복음, 생명의 복음, 화목의 복음을 땅 끝까지 전파하도록 하시기 위해서 설립된 믿음의 공동체이다(마 28:18-20; 눅 24:46-48; 행1:8). 신약교회는 예수님이 설립하시고 확장하신 하나님 나라를 예수님 재림 때까지 계속해서 확장해야 할 책임이 있다.

4. 하나님이 기뻐하시는 예배는 어떤 예배인가요?

예수님은 사마리아(Samaria) 여자에게 "하나님은 영이시니 예배하는 자가 영과 진리로 예배할지니라"(요 4:24, 개역개정)고 가르친다. 한글 개역 번역은 "신령과 진정으로"라고 번역하여 본래의 뜻을 흐리게 했었다. 예수님은 사마리아 여자에게 성도들이 예배할 때 중요한 것은 예루살렘(Jerusalem)이나 그리심 산(Mount Gerizim)과 같은 장소가 아니라(요 4:20-21) "영과 진리"(in spirit and in Truth)가 있어야 한다고 말씀하신다. 여기서 "영"은 예배하는 자들의 마음과 뜻과 정성이 하나로 묶여진 상태를 가리킨다. 그리고 "진리"는 하나님의 말씀의 선포가 있어야 함을 뜻한다. 그러므로 "하나님이 기뻐하시는 예배"는 성도들의 마음이 온전하게 하나로 연합된 상태로 하나님께 드리는 예배여야만 하며, 또한 그 예배에 하나님의 말씀의 선포가 있어야 한다.

그런데 바울은 로마서 12장을 시작하기에 앞서 로마서 11:36에서 하나님이 모든 창조 세계의 중심임을 선언하고 있다. 모든 창조세계 즉 만물이 "주에게서 나오고"의 뜻은 모든 창조세계의 근원이 주님임을 밝히는 것이요, 모든 창조세계가 "주로 말미암고"는 주님이 모든 창조세계의 보존자요, 유지자임을 뜻하고, 모든 창조세계가 "주에게로 돌아감"은 모든 창조세계의 목표가 주에게 있음을 뜻한다. 바울은 이렇게 모든 창조세계에서의 하나님의 주권과 중심성을 강조하고 구원받은 성도들이 어떻게 하나님을 기쁘게 할 수 있는지를 설명한다. 그것은 성도들이 하나님께 "영적 예배"를 드리는 것이다(롬 12:1).

바울은 제의적 언어(cultic language)를 사용하여 성도들의 삶을 묘사한다. 바울은 "너희 몸을 하나님이 기뻐하시는 거룩한 산 제물로 드리라 이는 너희가 드릴 영적 예배니라"(롬 12:1, 개역개정)라고 성도들이 몸으로 드릴 제물을 세 개의 형용사로 수식하여 설명한다. 성도가 하나님께 드릴 제물은 "살아있는 몸"(living)이어야 하며, "거룩한 몸"(holy)이어야 한다. 바울은 이런 예배가 "하나님이 기뻐하시는 제물"(acceptable to God)을 바치는 "영적 예배"라고 가르친다.

바울은 **"산 제물"**(living sacrifice)이라는 표현을 통해 구약시대에 동물을 죽여서 제사하는 것과 대칭을 이루는 살아 있는 제물을 강조하고 있다. "산 제물"은 제의적인 용어로 구약의 제사와 비교되고 있다. 성도들은 매일 살아서 계속적으로 하나님께 헌신해야 한다. 부활생명을 살고 있는 성도들은 이 세상에서 유익한 삶을 통해 하나님께 산 제물을 드리는 것이다.

바울은 **"거룩한 제물"**(holy sacrifice)이라는 표현을 통해 제물이 구별된 것이어야 함을 강조하고 있다. "거룩"도 제의적인 의미를 포함하고 있다. 하나님께 바치는 제물은 거룩해야만 한다. 구약의 제사는 "여호와께 향기로운 냄새"(레 2:9; 3:5, 16; 6:15, 21; 8:28)가 되어야 할 뿐만 아니라 거룩한 제사(레 6:25; 7:6; 8:12, 30)여야 한다. "거룩"은 하나님의 속성이기 때문에 성도가 드려야 할 제물 역시 거룩하지 않으면 안 된다. 그래서 거룩한 제물만이 하나님을 기쁘시게 할 수 있다. 거룩은 세상으로부터 떠나 하나님께로 구별되었다는 뜻을 가지고 있다. 이 말씀은 성도들의 삶이 세상적인 기준으로 사는 삶이 아니요, 하나님이 정하신 기준으로 살아야 한다는 뜻을 포함하고 있다.

바울은 계속해서 **"하나님이 기뻐하시는 제물"**(pleasing to God sacrifice)이라는 표현을 통해 성도들이 드리는 제물이 성도들 자신의 종교적 욕구나 감정적 욕구를 충족시키는 것이 아니요 하나님을 기쁘시게 하는 것임을 분명히 한다. 하나님을 기쁘시게 하는 제사는 하나님의 뜻에 합당할 때 가능하다. 여기서 우리는 메탁사스(Eric Metaxas) 목사님의 경고를 마음에 새겨야 한다. 메탁사스 목사님은 2012년 2월 2일 미국 국가 조찬 기도회(National Prayer Breakfast)에서 하나님의 말씀대로 살지 않으면서 신앙생활 하는 것은 마치 마귀가 성경을 사용하여 예수님을 시험하고 공격하는 것처럼(마 4:1-11; 막 1:12-13; 눅 4:1-13) 가짜 종교 생활을 하는 것과 같다고 일침을 가했다.

물론 성도들이 시간을 정해서 한 곳에 모여 하나님께 예배드리는 것은 대단히 중요하다. 하나님은 성도들이 드리는 예배를 즐겨 받으신다. 그러나 중요한 것은 우리들의 예배가 우리들의 삶과 끊을 수 없는 연결고리를 가지고 있다는 것을 잊어서는 안 된다. 바울은 성도들의 합당한 삶이 하나님을 기쁘시게 하고 하나님을 높이는 예배의 한 부분임을 강조하고 있다. 성도들은 참 예배를 드릴 수 있기 위해 "이 세대를 본받지 말고 오직 마음을 새롭게 함으로 변화"(롬 12:2)를 받아야 한다. 그리고 성도들은 "하나님의 선하시고 기뻐하시고 온전하신 뜻이 무엇인지 분별"(롬 12:2, 개역개정)하도록 해야 한다. 성도들은 이와 같은 마음가짐으로 예배 시간에 하나님을 만나야 한다. 성도들은 타락하고 변질된 이 세상을 본받지 말고 계속해서 마음을 새롭게 하여 하나님의 뜻에 합당한 거룩한 삶을 살면서 하나님께 예배를 드려야 하나님이 기뻐 받으실만한 예배가 된다.

5. 목사님 외에는 주일 예배에 설교할 수 없나요?

개신교회의 예배 중 설교의 위치는 대단히 중요하다. 우선 대략 한 시간의 예배시간 동안 설교를 위한 시간이 거의 절반 이상을 차지한다. 보통의 성도들은 아무 이의 없이 교회가 진행하는 관행에 따라 성실하게 신앙생활을 한다. 그런데 어떤 성도는 "왜 설교는 목사만 해야 하는가?" "장로와 집사는 주일 예배에 설교를 할 수 없는가?" "왜 축도는 목사만 해야 하는가?" 등의 질문을 한다. 물론 성도들은 신앙생활을 하면서 또는 성경을 연구하면서 질문하는 자세를 갖는 것이 중요하다. 그래야 성장하기 때문이다. 하지만 성도들은 우리가 해야 할 질문에 한계가 있음을 알아야 한다. 우리는 성경을 연구하면서, "뭐 이따위 책이 있어?"라는 질문이나, "이따위 내용이 어떻게 성경이라고 할 수 있어?"와 같은 질문은 결코 해서는 안 된다. 왜냐하면 이런 질문은 성경이 정확무오한 하나님의 말씀임을 인정하지 않고 자기 자신의 이성(reason)적 판단으로 제기하는 질문이기 때문이다. 그러나 성도들은 "왜 하나님이 여기에서 이런 일을 하셨을까?"라는 질문이나, "성경의 이 말씀에는 더 깊은 뜻이 있지 않을까?"라는 질문은 계속해서 가져야 한다. 교회 생활에 대한 질문도 "장로와 집사가 주일 예배에 설교하면 교회에 무슨 유익이 있을까?"라고 질문하는 것은 논의를 위한 것이기에 납득할 수 있는 질문이지만, "왜 설교나 축도는 목사만 전횡하고 장로와 집사는 하지 못하게 하는가?"와 같은 질문은 교회 공동체를 파괴하는 의도가 있기에 해서는 안 될 질문이다.

어떤 성도가 "장로와 집사는 왜 설교할 수 없는가?"라고 질문하는 이유는 성경에서 그 근거를 찾을 수 있기 때문이다. 사도행전은 일곱 집사 중 스데반(Stephen)이 대단히 훌륭한 설교를 한 기록을 전한다(행 7:1-53). 성경에 기록된 설교 중 스데반의 설교는 다른 설교의 본이 될 만큼 귀하고 훌륭한 설교이다. 스데반이 집사이지만 이렇게 감동적인 설교를 한 것이다. 그리고 역시 집사인 빌립(Philip)도 성경을 바로 해석하는 귀중한 설교를 했다(행 8:26-40). 이런 성경적 근거 때문에 오늘날도 "장로와 집사가 설교를 못할 이유가 없지 않느냐"라고 질문을 하는 것이다. 우리는 이와 같은 질문을 생각할 때 성경의 본질을 생각하면서 하나님이 성경 계시를 통해 우리에게 전하고자 하는 뜻이 무엇인지를 알고 접근해야 한다. 우선 성경은 도덕적 교훈을 모아둔 책이 아니다. 성경이 도덕적 책으로만 인정된다면 성경은 불교의 경전이나 유교의 경전과 다를 바 없다. 성경은 하나님이 세상을 창조하시고, 인간이 죄를 짓자 그 죄 문제를 해결하시고, 죄 없는 완벽한 세상을 그의 백성들에게 주시기 위해 계획을 세우시고, 지금도 그 목적을 향해 계속 일하고 계시는 것을 우리에게 가르치는 하나님의 계시의 말씀이다. 성경은 하나님이 하셨던 일, 하고 계신 일, 앞으로 하실 일이 무엇인지를 계시해 주시는 책이다. 그리고 성경은 히브리어, 아람어, 헬라어로 대략 1,500여 년에 걸쳐 기록된 엄청난 역사를 가지고 있다. 성경은 이와 같은 긴 역사와 무관하지 않고 역사의 맥락에 근거하여 정확무오하게 기록된 하나님의 계시의 말씀이다. 그러므로 설교자는 성경이 활용한 언어와 역사와 문화를 연구하고 이해하여 설교해야만 하나님의 뜻을 바로 전할 수 있다.

여기서 우리는 성경의 내용을 이해하기 위해 많은 연구가 필요함을 알 수 있다. 하나님은 인간이 구원을 받을 수 있는 방법으로는 누구든지 얻을 수 있는 가장 쉬운 방법을 마련해 주셨다. 한 사람이 죄 문제를 해결 받고 구원을 받는 길은 성경의 내용을 이해하지 못한 사람이라도 예수를 구주로 인정하고 믿기만 하면 가능하도록 하신 것이다. 글을 배우지 못하여 일자무식(一字無識)인 할머니나 할아버지도 예수 그리스도를 구세주로 영접만 하면 구원을 받을 수 있도록 길을 열어 두신 것이다. 하지만 성경 속에 계시된 하나님의 뜻을 찾기 위해서는 성경을 철저하게 연구해야만 한다. 그래서 오늘날 성경을 전문적으로 배우는 신학대학들이 있고, 성경의 뜻을 체계적으로 이해하는 사람을 목사(pastor)로 임직하여 교회를 섬기게 한다. 성경을 바로 이해하기 위해서는 연구가 필요하고 해석이 필요하다. 그러므로 하나님의 말씀의 선포는 이렇게 체계적으로 훈련받은 목사가 감당해야 하는 것이 옳다.

그러므로 성경에서 집사가 설교한 예를 찾을 수 있다고 해서 "왜 오늘날 교회에서는 목사만 설교하는가?"라고 질문하는 것은 잘못된 질문이다. 같은 관점에서 성경에 사도가 있으니 오늘날 교회에도 사도가 있다고 주장할 수 없는 것과 같은 이유이다. 성경에 예수님이 죽으시고 부활한 기록이 있으니 오늘날 교회에도 이런 사건이 매 주일 일어나야 한다고 생각한다면 하나님의 원래의 계획과 뜻을 전혀 알지 못하고 제기하는 질문이 된다.

또한 우리는 성경이 목사와 장로와 집사가 동시에 교회의 일꾼으로 임직되었다고 가르치지 않는다는 사실에 주목하여야 한다. 신약 교회가 설립된 이후 처음에는 사도들만 교회를 섬겼고(행 2:14-36: 4:1-4), 그 후 필요에 따라 일곱 집사가 세워지게 된다(행 6:1-6). 그리고 "바울이 밀레도에서 사람을 에베소로 보내어 교회 장로들을 청하니"(행 20:17)의 말씀은 그 이전에 바울이 에베소 교회를 섬길 때 장로들을 세웠다는 사실을 증거하고 있다. 이처럼 장로와 집사는 동시에 세워지지 않았고 필요에 따라 세워졌다. 그리고 바울은 로마 감옥에 1차로 감금되어 있을 때 기록한 에베소서에서 "목사"(pastor: ποιμήν)라는 용어를 사용하며(엡 4:11), 1차 감금에서 풀려난 후 쓴 디모데전서에 보면 "감독"(Bishop: ἐπισχοπή)이라는 용어를 사용하고 (딤전 3:1-2), "장로들"(Elders: πρεσβυτέριον)이라는 용어를 사용하며 (딤전 4:14), 그리고 "집사"(Deacon: διάχονος)라는 용어를 사용한다 (딤전 3:8-13). 그리고 바울은 감독과 장로와 집사가 교회에서 어떤 역할을 해야 하며 또 어떤 인품의 사람이 그 직분을 맡아야 할 것을 가르치고 있다. 바울은 "잘 다스리는 장로들은 배나 존경할 자로 알되 말씀과 가르침에 수고하는 이들에게는 더욱 그리할 것이니라"(딤전 5:17, 개역개정)라고 말함으로 목사와 장로의 역할을 언급하고 있다. 이와 같은 성경 구절들은 목사와 장로와 집사의 직분이 일시에 시작된 것이 아니요, 교회가 정착되어 가는 동안 자리를 잡게 되었음을 증거한다. 오늘날 교회는 이와 같은 성경을 근거로 신약교회의 목사, 장로, 집사를 세워 자신의 위치에서 교회를 섬기게 하는 것이다. 믿음의 공동체인 교회가 올바로 운영되려면 장로와 집사의 역할이 대단히 중요하다. 신약교회 내에서 목사가 맡은 가장 중요한 사역은 말씀 사역이다. 그러므로 주일 예배를 드릴 때 설교는 체계적인 교육을 받은 목사가 하는 것이 당연하다.

물론 선교의 현장이나 목사가 없는 상황에서 어쩔 수 없이 장로나 집사가 예배를 인도하고 말씀을 전할 수는 있다. 그러나 이런 관행은 빨리 해결되어야 할 일이지 계속되어서는 안 된다. 왜냐하면 그리스도의 피로 값 주고 산 교회는 하나님의 말씀으로 그 생명력을 유지할 수 있기 때문이다. 그래서 예수님께서 "하나님은 영이시니 예배하는 자가 영과 진리로 예배할지니라"(요 4:24)라고 말씀하신 것이다. 여기 진리(Truth)는 하나님의 말씀과 같은 것이다. 예수님이 친히 "아버지의 말씀은 진리니이다"(요 17:17)라고 말씀하셨다.

6. 예수님은 왜 성만찬을 제정하셨어요?

구약의 하나님의 백성들은 안식일(Sabbath)을 거룩하게 지키고, 할례(Circumcision)를 행하며, 유월절(the Passover)을 지키면서 하나님을 섬겼다. 그런데 예수님의 구속 성취로 인해 신약교회의 백성들은 구약의 안식일에 상응하는 주일을 지키고, 할례에 상응하는 세례를 행하고, 유월절에 상응하는 성만찬을 지키며 신앙생활을 한다. 유월절은 하나님의 백성들이 애굽에서 나올 때 여호와께서 문설주에 양의 피를 바른 집은 넘어감으로 죽음이 그 집에 이르지 아니한 것을 기념하여 지킨 절기인데(출 12:1-14), 신약시대의 교회는 성만찬을 지킴으로 예수님이 십자가에서 자신을 제물로 바쳐 우리의 죄 문제를 해결하신 것을 기억하며 지키는 절기이다(고전 11:23-26). 그러므로 성만찬(The Lord's Supper)은 말씀 선포와 함께 성도들이 은혜를 받는 은혜의 수단(Means of Grace)이다. 설교가 하나님의 말씀을 듣고 은혜를 받게 하는 것처럼, 성만찬에 참여하는 것은 예수님의 고난과 죽음을 기억하게 하여 은혜를 받게 하는 것이다. 그래서 예수님께서 친히 성만찬을 제정해 주셨다. 예수님께서 제정한 성만찬에 대한 기록은 마태복음 26:26-29; 마가복음 14:22-

25; 누가복음 22:14-20; 고린도전서 10:14-22과 11:23-26에서 찾아볼 수 있다. 여기 언급된 다섯 구절 중 우리는 특히 누가복음 22장과 고린도전서 10장의 내용에 주목할 필요가 있다.

누가복음 22:14-16은 예수님이 죽기 전에 제자들과 함께 유월절 먹기를 원하고 원하셨다고 말한다(눅 22:15). 이 사실은 예수님께서 구약의 유월절을 신약의 성만찬으로 바꾸어주셔서 신약교회 안에서 유월절보다는 성만찬이 계속 지켜지도록 하신 것이다. 누가복음은 예수님께서 먼저 "잔을 받으사 감사 기도 하시고"(눅 22:17), 그 다음에 "떡을 가져 감사 기도 하시고"(눅 22:19) 그리고 "저녁 먹은 후에 잔도 그와 같이 하여"(눅 22:20)의 순서로 "잔," "떡," 그리고 "잔"을 언급한다. 원래의 성만찬은 "떡"과 "잔"의 순서인데, 누가복음은 "잔," "떡," "잔"의 순서로 기록한다. 그 이유는 첫 번째 잔은 유월절의 잔이기 때문에 아무런 문제가 없다. 예수님은 유월절을 지키면서 성만찬을 제정해 주신 것이다. 또한 고린도전서 10:14-22은 성만찬을 참여하는 성도 상호간의 결속과 연합을 강조해서 설명하고 있다. 성도들이 성만찬에 참여해야 하는 이유를 세 가지로 정리해 볼 수 있다.

첫째, 성만찬은 예수님의 부활을 기억하는 만찬이 아니요, 예수님의 죽음을 기억하는 만찬이다. 그래서 바울은 "축사하시고 떼어 이르시되 이것은 너희를 위하는 내 몸이니 이것을 행하여 나를 기념하라 하시고 식후에 또한 그와 같이 잔을 가지시고 이르시되 이 잔은 내 피로 세운 새 언약이니 이것을 행하여 마실 때마다 나를 기념하라"(고전 11:24-25, 개역개정)고 말씀하시고, 계속해서 "너희가 이 떡을 먹으며 이 잔을 마실 때마다 주의 죽으심을 그가 오실 때까지 전하는 것이니라"(고전 11:26, 개역개정)고 말씀하신 것이다. 성만찬 참여는 성도들이 예수님의 죽음을 기억하며 예수님께서 우리들의 죄 문제 해결을 위해 우리가 죽어야 할 자리에서 대신 죽으신 것을 기억하고 감사하며 은혜를 받는 것이다. 뿐만 아니라 하나님께서 성도들과 교회에 부여하신 사명은 성만찬에 참여할 때마다 그리스도가 그의 죽으심을 통해 죄 문제를 해결하셨다는 사실을 예수님이 재림하실 때까지 전파하는 것이다(고전 11:26). 예수님은 십자가상의 죽음으로 우리 대신 하나님의 심판을 받으셨다(눅 12:49-50). 그래서 우리는 하나님의 심판의 대상이 아니요, 하나님의 사랑의 대상이 된 것이다(롬 8:38-39). 성만찬 참여는 성도들에게 구원의 감격을 만끽하게 하고 전도의 사명을 부여한다.

그리고 성도들이 성만찬을 참여하면서 한 가지 기억해야 할 것이 있다. 분명코 성만찬은 부활의 잔치는 아니다. 오히려 성만찬은 예수님의 십자가상의 희생적이고 대속적인 죽음을 기념하는 의식이다. 그러나 주님의 대속적인 죽음 그 자체 때문에 성만찬은 기쁨의 잔치요 구속의 잔치의 성격을 가지고 있다. 성만찬을 지키면서 성도는 예수님에게는 죽음인 십자가 사건이 우리에게는 생명이 되었다는 사실을 기억하고 감격의 마음으로 참여해야 한다. 예수님은 십자가에 못 박혔을 뿐만 아니라 부활하셨기 때문에 아직도 우리가 참여하는 성만찬을 주재하는 주인으로 계신다.

둘째, 성만찬의 참여는 모든 성도가 한 가족임을 분명히 한다. 내가 주님의 살을 기념하는 떡과 주님의 피를 기념하는 잔을 먹고 마시는 것처럼 내 옆에 앉아있는 성도도 같은 떡과 같은 잔을 먹고 마시는 것은 나와 옆에 있는 성도가 한 가족(one family)이라는 것을 증언하는 것이다. 그래서 바울은 "우리가 축복하는 바 축복의 잔은 그리스도의 피에 참여함이 아니며 우리가 떼는 떡은 그리스도의 몸에 참여함이 아니냐 떡이 하나요 많은 우리가 한 몸이니 이는 우리가 다 한 떡에 참여함이라"(고전 10:16-17, 개역개정)고 성만찬 참여를 성도들 간의 친밀한 교제의 관점에서 설명한다. 하나님의 백성인 교회는 성만찬을 참여할 때 수직적인 관계뿐만 아니라 수평적인 관계의 중요성도 심각하게 인식해야 한다. 성도들은 성만찬에 참여하면서 우리 모두가 한 떡과 한 잔에 참여하는 가족임을 재확인하는 것이다.

셋째, 성만찬에 참여하는 것은 예수님이 천국에서 주재할 기쁨의 잔치에 참여할 수 있다는 확실한 보증이 될 뿐만 아니라 사실상 그 잔치의 연습을 우리들이 하고 있다는 뜻이다. 성만찬은 예수님의 재림 이전까지 교회를 위해 주신 영구한 식탁 교제로 생각할 수 있다. 성도들은 성만찬 참여를 통해 앞으로 있을 "완성된 천국"(consummated Kingdom of God)에서 예수님과 함께 기쁘고 즐거운 잔치에 참여할 것을 내다보는 것이다. 그래서 마태복음은 "내가 포도나무에서 난 것을 이제부터 내 아버지의 나라에서 새것으로 너희와 함께 마시는 날까지 마시지 아니하리라"(마 26:29)고 기록한다. 성만찬은 앞으로 있을 위대한 잔치의 예표적인 것이다. 성만찬과 천국에서 먹고 마시게 될 잔치와의 관계는 단순히 상징과 실재의 관계뿐만 아니라 시작과 성취의 관계이다. 유월절은 예수님을 바라다보고 성만찬은 예수님을 되돌아보게 한다. 또한 성만찬에는 앞으로 완성될 천국에서의 완전한 연합과 영원한 잔치를 바라다보게 하는 요소가 있다.

성도들은 성만찬 참여를 통해 예수님의 죽음이 그의 백성의 생명이 되었으며, 예수님이 당한 고통이 그의 백성의 기쁨이 되었고, 죽음에게 내어 준 예수님의 몸과 피가 그의 백성의 떡과 포도즙이 되었음을 믿고 감사하는 삶을 살아야 한다. 또한 십자가에 못 박힌 예수님은 배가 고프고 목이 갈한 영혼을 위해 영원한 생명의 "음식과 마실 것"이 되었고, 예수님이 주신 떡은 "구원의 떡"이요, "생명의 떡"이며, 예수님이 주신 잔은 "구속의 잔"이요 "구원의 잔"임을 기억하고 은혜를 받아야 한다.

ㄱ. 물세례가 가짜 교인을 색출하는 방법인가요?

물세례(water baptism)는 믿는 성도를 보이는 교회 (visible church)의 한 멤버로 받아들이는데 꼭 필요한 신약교회의 의식이다. 예수님께서 부활하신 후 대 전도명령(the Great Commission)을 하실 때 "너희는 가서 모든 민족을 제자로 삼아 아버지와 아들과 성령의 이름으로 세례를 베풀고 내가 너희에게 분부한 모든 것을 가르쳐 지키게 하라"(마 28:19-20, 개역개정)라고 명령하신다. 예수님은 앞으로 설립될 신약교회가 세례라는 의식을 활용하실 것을 내다보신 것이다. 세례는 물로 씻음을 받으므로 죄에서부터 깨끗하게 되었다는 의미를 함축하고 있으며, 또한 세례는 성도가 예수 그리스도와 연합이 되었음을 함축하고 있다(롬 6:3-6; 고전 12:13; 갈 3:27-28; 골 2:11-12). 머레이(Murray)는 "우리는 세례가 그리스도의 죽음의 효과와 부활의 능력으로 그리스도와 연합된 것을 상징하고, 성령의 새롭게 하시는 능력으로 죄의 더러움으로부터 정결하게 되었으며, 그리스도의 피 뿌림에 의해 죄책으로부터 정결하게 된 것을 상징한다고 말할 수 있다."(John Murray, *Christian Baptism*. Philadelphia: The Committee on Christian Education, The Orthodox Presbyterian Church, 1952, p. 8.)라고 정리한다. 세례는 보이는 교회의 멤버로 인정되는 최초의 의식이기 때문에 예수 그리스도를 구세주로 믿는 모든 사람들에게 외적인 확증을 하는 역할을 한다. 우리가 분명히 알아야 할 것은 한 사람이 물세례를 받았기 때문에 구원을 받은 것이 아니요, 구원을 받았기 때문에 물세례를 받게 된다는 것이다. 물세례는 예수를 믿는 성도로서 보이는 교회의 회원이 되었다는 외적인 확증이다.

구약시대에는 하나님께서 할례(Circumcision)라는 의식을 사용하여 그의 백성의 테두리를 한정시키셨다. 하나님께서 아브라함(Abraham)과 언약을 맺으면서 대대손손 남자는 태어난 지 팔 일 만에 남자를 상징하는 부분의 포피를 베어 할례를 행하라고 명령하신다(창 17:9-13). 그리고 하나님은 언약과 할례의 중요함을 "할례를 받지 아니한 남자 곧 그 포피를 베지 아니한 자는 백성 중에서 끊어지리니 그가 내 언약을 배반하였음이니라"(창 17:14)고 선언하신다. 그리고 아브라함은 이삭(Issac)을 낳을 때 하나님의 명령대로 팔 일 만에 할례를 행한다(창 21:4). 야곱이 라반(Laban)을 떠나 고향집으로 돌아오는 도중 세겜 땅에 이르렀을 때 하몰의 아들 그 땅의 추장 세겜(Shechem)이 야곱의 딸 디나(Dinah)를 사랑하여 강간한 사건이 발생한다. 세겜은 디나를 사랑하기 때문에 이스라엘 백성과 통혼하면서 평화롭게 살기를 간청한다. 그런데 야곱의 아들들은 "할례 받지 아니한 사람에게 우리 누이를 줄 수 없노니 이는 우리의 수치가 됨이니라"(창 34:14, 개역개정)고 말하고 세겜 성읍의 모든 남자가 다 할례를 받도록 유도한다. 그런데 할례 받은 세겜 사람들이 아파할 때 시므온(Simeon)과 레위(Levi)가 주동이 되어 할례 받은 세겜 성읍의 모든 남자들을 칼로 죽이는 사건이 발생한다(창 34:1-27). 이 사건은 야곱에게 충격적인 사건으로 받아들여졌다. 야곱이 죽기 전 아들들에 대한 유언을 할 때 "시므온과 레위는 형제요 그들의 칼은 폭력의 도구로다"(창 49:5)라고 그들을 저주하는 유언에서 야곱의 마음을 가늠해 볼 수 있다.

이처럼 하나님은 구약시대에는 할례의 의식을 사용하시고, 신약시대에는 물세례의 의식을 사용하셔서 보이는 언약 공동체의 회원으로 인정받을 수 있는 길을 마련해 두셨다. 그러나 하나님의 보이는 공동체에 속한 회원은 누구나 사람이기 때문에 가짜가 공동체 안으로 들어 올 수 있게 된다. 성경에도 그러한 예가 설명되어 있다. 빌립(Philip)이 사마리아 성에 내려가서 "하나님 나라와 및 예수 그리스도의 이름에 관하여 전도함을"(행 8:12) 사람들이 믿고 남녀가 세례를 받았다. 그런데 마술사 시몬(Simon)도 빌립이 전도하는 말씀을 "믿고 세례를 받은 후에 전심으로 빌립을 따라다녔다"(행 8:13). 그런데 베드로와 요한이 안수하매 성령의 역사가 나타나는 것을 시몬이 보고 돈으로 그 권능을 사려고 하자, 베드로가 "네가 하나님의 선물을 돈 주고 살 줄로 생각하였으니 네 은과 네가 함께 망할지어다 하나님 앞에서 네 마음이 바르지 못하니 이 도에는 네가 관계도 없고 분깃 될 것도 없느니라"(행 8:20-21, 개역개정)고 시몬이 물세례는 받았지만 진정한 그리스도의 교회에 속한 사람이 아님을 분명히 한다. 시몬은 물세례는 받았으나 진정한 교회의 멤버는 아니었다.

목사는 인간이기에 다른 사람의 마음을 읽을 수 없다. 하나님은 그리스도의 피로 값 주고 사신 교회를 편한 마음으로 섬길 수 있도록 목사에게 특별한 은혜를 주신다. 목사는 목회를 하면서 하나님의 명령에 따라 사무엘(Samuel)이 다윗(David)을 사울(Saul) 다음의 왕으로 세우기 위해 이새(Jesse)의 집을 방문하여 다윗에게 기름을 붓는 사건을 기억해야 한다. 사무엘이 방문 목적을 말하고 이새의 아들들을 접견할 때 사무엘이 엘리압(Eliab)의 용모와 키를 보고 "여호와의 기름 부으실 자가 과연 주님 앞에 있도다"(삼상 16:6)라고 엘리압을 왕의 재목으로 생각하자, 여호와께서 사무엘에게 "그의 용모와 키를 보지 말라 내가 이미 그를 버렸노라 내가 보는 것은 사람과 같지 아니하니 사람은 외모를 보거니와 나 여호와는 중심을 보느니라"(삼상 16:7, 개역개정)고 말씀하신다. 이 말씀은 사람은 다른 사람의 중심(heart)을 알 수 없고 오직 보이는 외모로 판단할 수밖에 없다는 뜻이다. 그리고 여호와 하나님만이 사람의 마음을 읽으실 수 있다는 진리이다. 그래서 물세례를 베푸는 목사는 사람이기 때문에 세례 받는 자의 중심을 알 수가 없다. 따라서 목사는 세례를 베풀기 전에 기독교 교리와 성경에 관한 기본적인 질문을 하고 세례받는 자가 합당한 답을 할 경우에 그 사람에게 세례를 베풀어야 한다. 만약 세례 받는 사람이 거짓으로 예수를 구주로 인정하고, 목사의 모든 질문에 바른 답을 했다면 어떻게 해야 하는가? 목사는 거짓으로라도 올바른 답을 고백한 그 사람에게 물세례를 베풀어야 한다. 목사는 사람이기에 상대방의 마음을 알아차릴 수 없기 때문이다. 이런 방법으로 세례를 받은 사람은 가짜일 수밖에 없고, 결국 가짜가 보이는 교회의 한 멤버로 인정을 받은 셈이다. 이와 같이 가짜가 교회 안으로 들어 올 수 있게 된다.

목사는 이런 경우를 염려하여 상대방의 마음을 읽으려고 이런저런 방법을 동원해서는 안 된다. 목사는 나타난 것, 보이는 것만을 생각하고 성실하게 목회만 하면 된다. 하나님은 가짜가 교회 안에 들어와 있을 때 해결방법을 마련해 두셨다. 성경은 믿음도 하나님의 선물이라고 가르친다. 바울은 "너희는 그 은혜에 의하여 믿음으로 말미암아 구원을 받았으니 이것은 너희에게서 난 것이 아니요 하나님의 선물이라"(엡 2:8, 개역개정)고 분명하게 믿음도 하나님의 선물임을 밝힌다. 그런데 바울은 "믿음은 들음에서 나며 들음은 그리스도의 말씀으로 말미암았느니라"(롬 10:17)고 사람이 어떻게 믿음을 갖게 되는지 설명한다. 믿음은 그리스도의 말씀을 들음으로 생긴다는 뜻이다. 그러므로 목사가 매 예배 때에 하나님의 말씀을 바로 선포하면 거짓으로 세례받고 교회 안에 들어와 있는 가짜 교인에게 믿음이 생겨 진짜 교인으로 변하든지 아니면 결국 견딜 수 없어 교회를 떠나든지 할 수밖에 없게 되는 것이다. 그러므로 목사가 할 일은 가짜가 교회 안으로 들어 올 것을 걱정할 것이 아니요, 오히려 성실하게 하나님의 말씀을 선포하면 하나님이 문제를 해결해 주시는 것을 알아야 한다.

8. 왜 12월 25일이 성탄일로 정해졌나요?

우선 예수님의 탄생 날짜가 12월 25일로 정해진 이유를 밝히기 전에 현재 우리가 사용하고 있는 기독교 월력이 어떻게 시작되었는지를 밝혀야 한다. 성경은 예수님이 탄생하실 때 유대 땅은 로마(Rome) 제국의 통치를 받고 있었다고 전한다(눅 2:1). 예수님이 탄생하실 때 로마의 황제는 가이사 아구스도(BC 31-AD 14)였는데 그는 바로 옥타비안(Octavianus)이다. 그리고 예수님이 탄생하실 때 사회적 상황은 예수님을 환영하는 분위기가 아니었다(마 2:13-16). 예수님뿐만 아니라 예수를 믿는 사도들과 제자들도 계속적으로 핍박을 받고 심지어 순교하기에 이르기까지 핍박을 받았다(마 26:14-16, 66; 27:22; 눅 23:23; 요 19:17-20; 행 12:2-5). 그러므로 예수님 당시 우리가 "그리스도 이전"(Before Christ: BC)과 "주님의 해" (Anno Domini: AD)로 구분하는 기독교 월력이 사용되었을 것으로 생각하는 것은 전혀 타당성이 없다. 이는 예수님 탄생 당시와 그 이후의 역사적 진전으로 보아 가능한 일이 아니었다. 역사학자 유세비우스(Eusebius)의 말은 그 당시의 형편을 잘 전해 주고 있다. 유세비우스는 스데반과 야고보의 순교 사건 이후 예루살렘에 핍박이 있어 제자들은 이곳저곳으로 흩어지게 되었는데 하나님의 섭리는 이와 같은 재앙을 오히려 더 위대한 선(善)으로 바꾸셔서 제자들의 흩어짐과 함께 복음진리도 흩어지게 만들었다고 전한다(Eusebius, *Ecclesiastical History*, Grand Rapids: Eerdmans, 1977, p. ii). 초창기 교회가 활동할 때 예수 그리스도와 교회는 핍박의 대상이었기 때문에 기독교 월력과는 전혀 상관이 없었다. 예수님이 탄생하실 때 사용되고 있었던 월력은 로마 도시의 축성을 기초로 만든 월력이었다. 그 월력은 A.U.C.(Anno Urbis Conditae: In the year from the time the city(Rome) was built)라고 불렸다.

그런데 기독교회에 큰 영향을 미친 콘스탄틴 황제(Constantine 1, AD b. 280-d. 337)는 유세비우스를 친구라고 생각할 정도로 특별한 관계를 가지고 있었다. 니케아 회의(The Council of Nicaea)가 모였을 때 (AD 325) 유세비우스(ca. 260-ca. 340)는 콘스탄틴 황제의 오른편 자리에 앉는 영예를 누렸고, 콘스탄틴 황제를 극찬하는 자서전을 쓰기도 했다. 유세비우스에 의하면 콘스탄틴 황제가 자신을 황궁으로 자주 초대하여 함께 식사도 하고 즐거운 대화도 나누었다고 전한다. 유세비우스는 콘스탄틴 황제가 대화하는 중 황제 자신이 막센티우스(Maxentius)와 싸울 때 십자가의 환상을 보고 군기(labarum)에 십자가의 표시를 넣게 하고 싸워서 승리했다는 이야기를 들었다고 전한다(Eusebius, *Ecclesiastical History*, Grand Rapids: Eerdmans, p. xvi). 이렇게 특별한 방법으로 콘스탄틴 1세는 로마 시에 진지를 구축하고 있는 막센티우스와 싸워서 승리하여 서방 로마의 패권을 손에 넣게 된다. 콘스탄틴 1세는 AD 312년 로마로 입성하여 로마 전역을 다스리는 명실상부한 서방 로마의 황제가 되었다. 그리고 콘스탄틴 대제는 AD 313년에 밀란 칙령(The Edict of Milan)을 발표하여 기독교에 자유를 부여하였고 AD 321년에는 주일을 공휴일로 제정하였다. 이처럼 로마의 황제가 예수를 믿게 되고 기독교가 국가의 인정을 받게 되니 이곳저곳에서 그리스도의 탄생을 기초로 하는 월력을 만들어야 한다는 주장이 제기되게 되었다.

로마 제국 내에 이런 분위기가 형성된 6세기 중엽 제 53대 로마 교황은 요한 1세(AD 470-526)로 그의 교황 제위 기간은 AD 523년 8월 13일부터 AD 526년 5월 18일이었다. 그런데 교황 요한 1세가 AD 525년 씨시안 수도승(Scythian Monk)인 디오니시우스 엑시거스(Dionysius Exiguus)에게 예수 그리스도 중심의 월력을 만들도록 부탁하였다. 엑시거스는 예수님의 탄생이 헤롯 대왕(Herod the Great)의 사망과 거의 같은 시기에 발생한 것을 근거로 기독교 월력을 만들게 되었다. 많은 연구 끝에 엑시거스는 헤롯 대왕의 사망연대를 그 당시 사용하고 있는 A,U,C. 754년으로 잡고, A.U.C. 754년 1월 1일을 AD 1년 1월 1일로 맞추어 월력을 만들었다. 그리고 AD 1년 1월 1일을 예수님의 할례 받은 날로 계산하여 정리하였다. 성경은 예수님이 그 당시의 율법의 규례에 따라 태어난 지 8일 만에 할례를 받았다고 기록한다(눅 2:21). 그러므로 예수님의 탄생일은 AD 1년 1월 1일로부터 계산하여 8일 전인 그 전해 12월 25일로 정해진 것이다.

그런데 후대의 학자들이 엑시거스의 계산에 잘못이 있음을 발견
했다. 학자들은 헤롯이 죽을 임박에 월식(lunar eclipse)이 있었는데
이 월식이 BC 4년 3월에 발생한 월식이라고 생각한다. 그리고 헤롯
대왕이 죽은 후 그의 아들 헤롯 아켈라오(Herod Archelaus)가 BC 4년
에 그의 통치를 시작하여 AD 6년까지 10년 동안 유대를 통치하는데
이 연대는 헤롯 대왕의 사망 연대를 확정지어 주고 결국 예수님의
탄생 연도도 BC 4년임을 확인해 주는 역할을 한다(참조, Josephus,
Antiquities of the Jews, 17. 13. 2). 결국 엑시거스가 헤롯 대왕의 사망 연
대를 AUC 754년으로 잡은 것은 착오였으며 헤롯 대왕은 실제로
AUC 750년에 사망했고, 따라서 예수님의 탄생 연도도 BC 4년이 된
다. 오늘날 대부분의 학자들은 예수님이 BC 4년에 탄생했다는 이론
을 받아들인다(Harold Hoehner, *Chronological Aspects of the Life of
Christ*. Zondervan, 1979, pp. 11-27). 우리가 12월 25일을 성탄일로 지
키는 것은 엑시거스가 AD 1년 1월 1일을 예수님의 할례 받은 날로
계산하여 월력을 만들었기 때문에 정해진 날짜이지 정확한 예수님의
탄생일은 아니다.

9. 화장과 매장 중 어느 쪽을 택해야 할까요?

사람이 한 번 태어나서 죽는 것은 만고의 진리이다. 필자가 총신대학교 신학대학원에서 공부할 때 그 당시 교수이시면서 부흥사로 유명하셨던 차남진 박사님께서 강의시간에 "사람은 태어날 때는 순서가 있지만 죽을 때는 순서가 없다. 그러므로 죽을 때가 오기 전에 성실하게 열심히 살아야 한다."라고 하신 말씀이 기억난다. 사람은 죽을 수밖에 없는 존재이다. 인간의 조상 아담(Adam)이 죄를 범하여 사망이 이 세상 질서에 들어왔기 때문이다. 바울은 "한 사람으로 말미암아 죄가 세상에 들어오고 죄로 말미암아 사망이 들어왔나니"(롬 5:12, 개역개정)라고 분명하게 가르친다. "죄의 삯은 사망이다"(롬 6:23). 그러므로 세상에 태어난 사람치고 죽음을 경험하지 않은 사람은 아무도 없다. 그런데 성경은 두 사람이 사망을 경험하지 않은 것처럼 묘사한다. **첫 번째**의 경우는 에녹(Enoch)의 삶이다. 모세(Moses)는 아담의 계보를 설명하면서 "아담은 백삼십 세에 자기의 모양 곧 자기의 형상과 같은 아들을 낳아 이름을 셋(Seth)이라 하였고 아담은 셋을 낳은 후 팔백 년을 지내며 자녀들을 낳았으며 그는 구백삼십 세를 살고 죽었더라"(창 5:3-5)고 묘사한다. 모세의 설명의 요점은 **"누가 몇 세에 자녀를 낳았고 몇 세를 살고 죽었더라"**이다. 모세는 이와 같은 패턴을 계속하다가 에녹의 삶을 묘사할 때는 에녹이 육십오 세에 므두셀라(Methuselah)를 낳았고 하나님과 동행하며 자녀를 낳았는데 그는 삼백육십오 세를 산 것으로 기록하고(창 5:21-23), "에녹이 하나님과 동행하더니 하나님이 그를 데려가시므로 세상에 있지 아니하였더라"(창 5:24)는 표현으로 에녹의 죽음은 언급하지 아니한다. **두 번째**의 경우는 엘리야(Elijah)의 삶이다. 성경은 하나님이 엘리야를 데려 가실 때 엘리야와 엘리사(Elisha)가 함께 있었음을 밝힌다. 두 사람이 요단(Jordan)에 이르렀을 때에 하나님은 엘리야를 하늘로 데려가신다(왕하 2:6). 성경은 "두 사람이 길을 가며 말하더니 불 수레와 불 말들이 두 사람을 갈라놓고 엘리야가 회오리바람으로 하늘로 올라 가더라"(왕하 2:11)고 엘리야의 이 세상에서의 마지막 모습을 기록한다.

성경의 묘사로는 에녹과 엘리야는 우리가 알고 있는 "사망"을 맛보지 않은 것만은 틀림없다. 그러나 하나님이 에녹을 "데려가실 때" 그리고 엘리야가 "회오리바람으로 하늘로 올라갈 때" 비록 우리의 눈으로는 확인할 수 없었지만, 어느 시점에서 그들의 "영혼"(spirit or soul)과 몸(body)이 분리되어 지금은 그들의 "영"만이 하나님과 함께 있다고 생각하는 것이 성경의 원리에 적합하다. 에녹과 엘리야도 예수님의 재림 때에 다른 성도들과 마찬가지로 부활체를 입게 될 것이다. 물론 하나님의 특별하신 배려로 에녹과 엘리야가 현재도 몸을 가진 상태로 하나님과 함께 있을 것이라고 생각할 수 있지만 이 견해는 구속 역사 전체의 흐름과는 잘 맞지 않는다.

결국 이 세상에 존재한 모든 사람은 죽음을 통과하여야 한다. 성도가 죽으면 그 사람의 영(spirit or soul)은 곧바로 하나님의 품으로 간다. 그리고 이 세상에 남아있는 그 사람의 흔적은 그 사람의 몸(body)이다. 후손들과 지인들은 성도가 죽을 때 성도의 몸을 어떻게 처리해야 하느냐를 생각하면서 "매장"(burial)과 "화장"(cremation)의 사이에서 의견이 나누인다. 어떤 이는 하나님이 인간을 창조하실 때의 일을 기억하며 매장을 주장한다. 매장을 주장하는 사람들은 "네가 흙으로 돌아갈 때까지 얼굴에 땀을 흘려야 먹을 것을 먹으리니 네가 그것에서 취함을 입었음이라 너는 흙이니 흙으로 돌아갈 것이니라"(창 3:19, 개역개정)의 말씀을 기억하면서 사람이 죽으면 땅에 묻어야 한다고 생각한다. 그리고 성도가 부활할 때 부활체를 입을 근거가 필요한데 그 근거가 매장된 무덤이라고 생각하는 것이다. 반대로 화장을 주장하는 사람들은 옛날에는 매장할 땅이 넉넉했으나 지금은 매장할 장소가 넉넉하지 못하니 성도의 시체를 화장하여 납골당에 모시면 된다고 생각하는 것이다. 화장을 주장하는 사람들은 부활과 무덤과는 전혀 상관관계가 없다고 생각하는 것이다.

이런 상황에서 기독교인들은 매장과 화장 중에서 "어느 쪽을 택하는 것이 더 성경적인 교훈에 일치하는가?"라는 질문을 하게 된다. 우선 이 질문에 대한 답부터 생각한다면 성도들은 매장을 해도 좋고 화장을 해도 무방하다는 것이다. 왜냐하면 사람의 몸은 시간의 차이만 있을 뿐 매장을 해도 썩게 되어있고, 화장을 해도 썩게 되어있다. 그러므로 매장과 화장은 성도들이 앞으로 입을 부활체에 어떤 영향도 끼치지 않는다. 매장했으니 부활이 더 쉽고, 화장했으니 부활이 더 어렵다고 생각하는 것은 하나님의 전능하심을 의심하는 것이다. 성도가 예수님 재림 때에 입을 부활체는 현재의 몸체와는 전혀 다른 신령한 세계에 적합한 신령한 몸체인 것이다. 부활체는 몸체이지만 성도들의 현재의 몸체와는 다르다. 만약 성도가 부활할 때 현재의 몸체와 같은 몸체를 입게 된다면 부활을 해서 무슨 유익이 있겠는가? 그렇게 되면 부활한 이후에도 성도는 계속 죄를 지을 수밖에 없을 것이다. 성도가 부활할 때 입을 부활체는 썩지 아니하고, 강하고, 영광스러운 몸체가 될 것이다(고전 15:42-43). 그러므로 성도는 매장이나 화장에 큰 의미를 둘 것이 아니요, 살아있는 동안 하나님께 감사하며 주의 일을 성실하게 열심히 해야 한다.

10. 유아세례가 꼭 필요한가요?

유아 세례 문제를 이해하기 위해서는 하나님의 구속역사 진행의 큰 틀에서 옛 언약의 할례(Circumcision)와 새 언약의 세례(Baptism)의 상관관계를 이해하지 아니하면 안 된다. 하나님은 아브라함을 선택하시고 아브라함과 그의 후손들을 하나님의 백성으로 삼으셨다. 하나님이 아브라함(Abraham)을 선택하실 때 "땅의 모든 족속이 너로 말미암아 복을 얻을 것이라"(창 12:3)라고 약속하신다. 하나님은 아브라함과 언약을 세우시고(창 17:2) 아브라함에게 "너는 여러 민족의 아버지가 될지라"(창 17:4), "내가 내 언약을 나와 너 및 네 대대후손 사이에 세워서 영원한 언약을 삼고 너와 네 후손의 하나님이 되리라"(창 17:7, 개역개정)고 말씀하신 후 모든 남자에게 태어난 지 여드레 만에 할례를 받게 하심으로 하나님의 백성 됨의 표지를 정해 주신다. 그리고 하나님은 이를 분명히 하기 위하여 "할례를 받지 아니한 남자 곧 그 포피를 베지 아니한 자는 백성 중에서 끊어지리니 그가 내 언약을 배반하였음이니라"(창 17:14)고 아브라함과 그의 후손들은 하나님의 백성으로 하나님과 언약을 맺은 언약공동체(Covenant Community)이며, 그 언약 공동체에 속할 수 있는 자격은 어른이나 아이 할 것 없이 할례를 받은 사람이어야 함을 분명히 하신다(창 17:7, 9; 롬 4:11-12).

하나님께서 이스라엘 백성을 하나님의 언약 공동체로 세우신 이유는 하나님의 백성을 통해 하나님의 통치의 본질과 방법을 알게 하여 그들로 하여금 하나님의 통치의 모습을 이방인들에게 나타내 보여주기 위해서이다. 그래서 이사야(Isaiah) 선지자는 "네가 나의 종이 되어 야곱의 지파들을 일으키며 이스라엘 중에 보전된 자를 돌아오게 할 것은 매우 쉬운 일이라 내가 또 너를 이방의 빛으로 삼아 나의 구원을 베풀어서 땅 끝까지 이르게 하리라"(사 49:6; 42:6 참조)라고 함으로 하나님이 그의 백성을 선택한 이유가 그들을 "이방의 빛(a light for the Gentiles)으로 삼아" 하나님의 구원을 "땅 끝까지"(to the ends of the earth) 전파하게 하려는 것이었음을 분명히 한다. 이처럼 옛 언약의 시대에 어른들뿐만 아니라 자녀들도 언약 공동체에 속해 있었다는 증거는 너무도 명백하다. 마찬가지로 하나님은 새 언약 공동체에 속한 성도들을 "세상의 소금"(the salt of the earth)과 "세상의 빛"(the light of the world)으로 삼아(마 5:13-14) 예수 그리스도가 성취하신 구속의 복음, 생명의 복음, 화목의 복음을 "땅 끝까지"(to the ends of the earth) 전파하라고 명령하신다. 하나님께서 구속역사를 진행하시는 가운데 그의 백성들에 대한 계획은 옛 언약 시대에나 새 언약 시대에 전혀 다르지 않다.

바울은 신약의 세례가 구약의 할례에 상응하는 의식임을 분명히 한다. 바울은 "또 그 안에서 너희가 손으로 하지 아니한 할례를 받았으니 곧 육의 몸을 벗는 것이요 그리스도의 할례니라 너희가 세례로 그리스도와 함께 장사되고 또 죽은 자들 가운데서 그를 일으키신 하나님의 역사를 믿음으로 말미암아 그 안에서 함께 일으키심을 받았느니라"(골 2:11-12, 개역개정)라고 함으로 할례와 세례를 연결시킨다. 박형용은 이 구절을 해석하면서 "사람이 하나님의 언약의 백성이 되기 위해서는 할례를 받아 불결하고 악한 죄를 제거 받아야 한다. 그런데 새 언약에서는 할례 대신 세례의식을 통해 불신자가 그리스도의 값 주고 산 교회의 한 일원이 될 수 있는 것이다(고전 12:13). 바울은 예수님의 죽음과 부활을 통해 성취된 구속역사를 생각하면서 옛 언약의 할례가 새 언약의 세례로 전환되었음을 암시적으로 설명하고 있다(골 2:11-15)."라고 정리한다(박형용, 『골로새서·빌레몬서 주해』, 수원: 합신대학원출판부, 2020, p. 113).

여기서 신약교회가 물세례를 어른뿐만 아니라 어린이들에게도 베풀어야 하는 성경적인 근거를 찾아보도록 한다. **첫째**, 구약에서 예언된 메시아(Messiah)로 오신 예수님께서 공생애를 시작하실 때 처음으로 선포하신 말씀이 "때가 찼고 하나님의 나라가 가까이 왔으니 회개하고 복음을 믿으라"(막 1:15: 참조, 마 4:17)라고 하나님의 나라(the Kingdom of God)의 설립이 임박했음을 선포하신다. 그런데 예수님은 그의 공생애 기간 중에 계속해서 하나님 나라에 대해 가르치시고 어린이들이 하나님 나라 안에서 중요한 위치를 차지하고 있다고 가르치신다. 예수님은 어른들에게 어린아이들을 용납하라고 권고하시면서 "하나님 나라가 이런 자의 것이니라"(막 10:14)고 어린이들이 하나님 나라 안에서 귀한 존재들임을 확실하게 말씀하신다(참조, 막 10:15-16; 눅 18:15). 어른들은 물론 어린이들도 하나님 나라의 백성 됨이 확실한 것이다. **둘째,** 신약성경은 "언약 공동체"(Covenant Community)라는 용어는 별로 사용하지 않지만, 언약 공동체 대신 교회(Church)라는 용어를 즐겨 사용한다. 신약의 전반적인 교훈은 구약에서 이스라엘 백성을 언약 공동체로 인정한 것처럼 신약의 교회가 구약의 언약 공동체에 상응하는 신약시대의 언약공동체라고 가르친다. 그런데 성경은 신약시대의 언약공동체인 교회 내에 속해야 할 사람을 묘사하면서 "너희와 너희 자녀와 모든 먼 데 사람"(행 2:39)이라는 표현을 사용한다. 그리고 루디아(Lydia)가 세례 받을 때 "그와 그 집이 다 세례를 받고"(행 16:15)라고 묘사하고, 빌립보 감옥의 간수가 세례를 받을 때도 바울이 "주 예수를 믿으라 그리하면 너와 네 집이 구원을 받으리라"(행 16:31)고 묘사함으로 어른들과 어린이를 모두 포함하고 있다. 그리고 성경은 간수와 "그 온 가족이 다 세례를 받은 후"(행 16:33) 하나님을 믿음으로 크게 기뻐했다고 전한다.

그러므로 옛 언약시대에 하나님의 백성 안으로 들어 올 때 어른이나 아이나 할 것 없이 할례를 받고 들어오는 것처럼, 새로운 언약 시대에 교회 안으로 들어 올 때 어른이나 아이나 할 것 없이 세례를 받고 들어오는 것은 당연하다. 따라서 신약의 교회에서 유아 세례를 베푸는 것은 하나님의 구속 역사 진행에 일관되게 나타나는 현상인 것이다.

우리가 물세례와 관련하여 분명히 해 두어야 할 것은 물세례를 받았기 때문에 선택(election) 받았다고 말하거나, 중생(regeneration)을 했다고 말하거나, 구원(salvation)을 받았다고도 말할 수 없다는 사실이다. 그러나 하나님의 명령은 언약 백성의 부모와 자녀가 함께 언약의 표지인 세례를 받을 수 있다고 인정한다. 성경은 어린이들이 물세례를 받음으로 세상으로부터 구별된 보이는 교회의 품으로 들어올 수 있게 되었다고 가르치는 것이다. 우리가 여기서 기억해야 할 것은 물세례는 예수를 믿어 구원받은 사실을 외적으로 보이는 방법인 물세례로 인친 것에 지나지 않다는 것이다. 이는 보이는 공동체인 교회의 활동을 위해 꼭 필요한 의식이다. 비록 어린이가 유아 세례를 받아 교회의 품으로 들어 왔지만 그 어린이는 스스로 예수 그리스도를 구주로 고백할 수 없는 상태에서 물세례를 받았기 때문에 교회 안에서의 권리를 행사할 수 없다. 그래서 그 어린이가 장성하여 예수를 스스로 믿고 고백할 수 있게 되면 "입교"라는 과정을 거쳐 온전한 교회의 멤버가 되도록 하는 장치가 마련되어 있다.

여기서 유아 세례에 관해 웨스트민스터 신앙고백서가 정리한 내용을 살펴보기로 한다. 웨스트민스터신앙고백서는 "그리스도를 믿고 순종하겠다고 실제로 고백한 사람들뿐만 아니라 한편 혹은 양편이 믿는 부모의 어린이들도 세례를 받는다."(The Westminster Confession of Faith, XXVIII, 4.)라고 요약하고, 대요리문답의 166문은 "세례는 어떠한 사람에게 베푸는가?"라고 질문하고, 그 답으로 "...... 그리스도를 믿는 믿음과 그에게 향한 순종을 고백하는 양친 부모나 한편 부모의 자녀는 그 점에서 언약 안에 있으므로 세례를 받게 된다."(Larger Catechism, Question 166의 답)라고 안내한다.

이제 참고적으로 유아 세례를 찬성하는 칼빈(Calvin)의 논리를 따라가 보자. 칼빈은 그리스도께서 신약의 교회에게 영원한 구원을 이방인들에게도 전파하여 제자로 삼고 그들에게 세례를 베풀라고 명령을 하셨다(마 28:19)고 말한다. 그런데 믿음이 선행되지 않으면 물 세례를 베풀 수 없다. 이방인들은 유대인들과 공통점이 없고 하나님을 알지 못하기 때문에 말씀에 대한 믿음이 없으면 그들에게 세례를 베풀 수 없는 것이다. 그러나 하나님은 그들을 그의 호의 안에 품으셔서 그들의 아들들과 손자들도 같은 방법으로 취급하셨다. 하나님은 그리스도의 오심으로 유대인에게나 이방인에게나 자신을 아버지로 계시하신 것이다. 이전에 유대인들에게 주어졌던 약속이 이제는 이방인들에게도 풍성하게 주어진 것이다. 하나님이 아브라함에게 "너와 네 후손의 하나님이 되리라"(창 17:7)고 하신 말씀이 그리스도가 오심으로 이제는 이방인들에게도 적용되었다. 하나님은 어른인 이방인들의 하나님이실 뿐만 아니라 그들의 자녀들의 하나님도 되신다. 믿음으로 하나님의 교회에 들어 온 자들은 하나님의 백성이요 그리스도에게 속한 사람들이다. 그래서 그들도(이방인) 구원의 유산을 받게 되는 것이다. 이와 같이 세례는 믿음이나 교리와 분리될 수 없고 이방인들도 믿음으로 교회에 들어온 성도들이기 때문에, 비록 어린이들이 그들의 어린 나이 때문에 믿음으로 말미암은 하나님의 은혜를 바로 이해하지 못할지라도, 하나님은 그들의 부모들을 격려하실 때 그들의 어린이도 포함시키시는 것이다. 칼빈은 결론적으로

"나는 세례를 어린이들에게 베푸는 것이 현명하지 않다는 이론을 부인한다. 하나님은 하나님이 그들의 하나님이 되시겠다고 약속하신 것처럼 그들을 세례에로 초청하시는 것이다."라고 정리한다(John Calvin, *A Harmony of the Gospels Matthew, Mark and Luke, Vol. III and The Epistles of James and Jude*, Trans. by A.W. Morrison. Grand Rapids: Eerdmans, 1975, pp. 252-253.). 칼빈은 새 언약의 공동체인 교회가 어른들은 물론 아이들에게도 물세례를 베푸는 것을 반대하지 않는다. 이처럼 개혁주의의 전통이나 성경의 교훈을 근거할 때 신약시대의 교회가 유아 세례를 베푸는 것은 타당하고 바른 것이라고 결론내릴 수 있다.

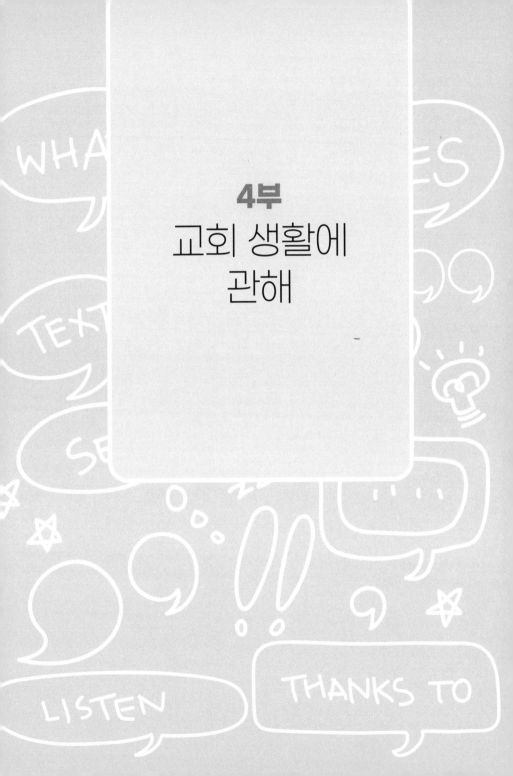

4부
교회 생활에
관해

기도는 성도가 하나님과 교통하고 교제할 수 있는 가
장 고귀한 행위이다. 기도는 하나님의 아버지 되심을 인정하고 성도
가 아버지 하나님과 바른 언약관계 안에 있다는 것을 확인하는 것이
다. 기도는 순수한 믿음으로 하늘의 아버지께 우리들의 온 마음을
드리고 우리의 모든 형편을 보고하는 것이다. 그래서 예수님께서
"무엇이든지 기도하고 구하는 것은 받은 줄로 믿으라 그리하면 너희
에게 그대로 되리라"(막 11:24, 개역개정)라고 말씀하신 것이다. 예수
님은 하나님 아버지의 자비로우심을 믿고(마 7:7-12) 끈기 있게 기도
할 것을(눅 5:5-13) 가르치신다. 예수님은 주기도문을 가르치시면서
일용할 양식과 시험에 들지 않도록 기도하라는 두 가지의 기도의 내
용(마 6:11, 13)을 구체적으로 언급하신 것 외에는 기도의 내용에 대
해 말씀하신 경우가 거의 없다. 하지만 성경은 기도의 방법에 대해
서 구체적으로 두 가지를 언급한다. 첫째는 기도는 쉬지 말고 하나
님께 아뢰는 것이다(눅 18:1; 21:36; 엡 6:18; 살전 5:17). 인간의 아버
지가 자녀들의 필요뿐만 아니라 자녀들이 잘 하고 있는 일도 알기를
즐겨하시는 것처럼, 우리의 하늘의 아버지도 우리들의 필요한 것을

듣고 응답하시기를 기뻐하시고 또한 우리가 잘 하고 있는 일도 들으시기를 원하신다. 둘째는 성도들이 기도할 때에 예수님의 이름(In the name of Jesus)으로 하나님께 아뢰어야 한다(요 14:13-14; 16:23-24). 그 이유는 성도들이 하나님께 접근할 수 있는 길은 오로지 예수님을 통해서만이 가능하기 때문이다.

성경은 기도의 종류를 네 가지로 정리한다. 기도의 종류는 "간구와 기도와 도고와 감사"(딤전 2:1)이다. **"간구"**(데에시스)는 하나님께 어떤 특별한 요청을 하는 기도의 형태라고 할 수 있다. 간구는 성도에게 어떤 특별한 필요가 있을 때 그 필요를 위해 성도가 하나님을 전폭적으로 의존하면서 그 필요를 채워 주십사고 하나님께 아뢰는 기도이다. **"기도"**(프로슈케)는 기도와 관련된 다른 용어들과 함께 사용되어 특별한 의미가 있는 것처럼 보이나 사실상 "기도"는 모든 종류의 기도를 포괄적으로 지칭한다고 생각하는 것이 바르다. **"도고"**(엔튝시스)는 신약성경에서 오직 두 곳에서만 사용되는 용어이다(딤전 2:1; 4:5). 일반적으로 "도고"는 다른 사람의 유익을 위해 간청하는 기도로 알려져 있다. "도고"는 선하시고 완전하신 하나님을 의존하면서 그의 앞에서 경건한 태도로 다른 사람의 필요를 채워주시라고 간구하는 기도이다. **"감사"**(유카리스티아)는 하나님께서 우리에게 일반적인 복을 주셨을 뿐만 아니라 구속과 관련된 특별한 복을 주셨기 때문에 하나님께 감사의 마음을 아뢰는 것이다. "감사"는 예외적으로 사람에 대한 감사를 표현할 때도 사용되지만(행 24:3; 롬 16:4) 일반적으로는 하나님의 특별하신 은혜와 축복을 생각하고 감사의 마음을 하나님께 드리는 것이다.

이처럼 성도들은 여러 가지 목적을 위해 하나님께 기도할 수 있다. 하나님은 성도들이 기도할 때 반드시 기도를 들으신다. 그러나 성도들이 구하는 것에 대한 응답은 하나님께서 자신의 지혜로 우리의 유익을 위해 결정하신다. 성도들은 내일이 어떻게 전개될지 알 수 없지만 하나님은 우리의 어제와 오늘과 내일의 모든 일을 알고 계신다. 그래서 하나님은 성도가 기도할 때 "좋다, 들어 주마," "아니야, 그건 안돼," "지금은 아니지만 다음에 주지," 그리고 "구하는 것보다 더 좋은 것으로 주지"라고 네 가지 방향으로 응답하신다. 분명한 것은 하나님께서 성도의 기도는 어떤 기도이든지 들으시고 하나님의 지혜로 응답하신다는 것이다. 그러므로 성도는 좋은 일이건 요청할 내용이건 하나님께 기도하고 보고해야 한다.

그런데 여기서 우리가 관심을 가지고 묵상할 필요가 있는 것은 성도들이 다른 사람을 위해 기도하는 것을 "중보기도"라는 용어로 표현할 수 있느냐라는 문제이다. 한 인간이 다른 사람을 위해 "중보"를 할 수 있는가? 성경은 중보자(Intercessor)가 예수님 한 분뿐이라고 가르친다. 그러므로 중보기도는 예수님만이 하실 수 있다. 성도들은 진정한 의미의 "중보기도"를 할 수 없다. 신약 성경의 교훈은 엄밀한 의미에서 한 성도가 다른 성도의 중보가 될 수 없고 중보기도를 할 수 없다고 가르친다. 그러면 왜 성도들이 "중보기도"라는 말을 사용하게 되었는가? 그 이유는 디모데전서 2:1의 "도고"를 영어 역본 중 NIV와 AV가 중보 혹은 중재(intercession)로 번역하고, 한글

역본 중 표준새번역과 표준새번역개정판과 새번역신약전서, 그리고 표준신약전서가 모두 "중보의 기도"로 번역했기 때문으로 추정된다.

　중보기도에 대한 우리의 태도는 자제와 이해의 범위 안에서 결정되어야 한다. 물론 성도가 다른 사람을 위해 기도하는 것을 가리켜 "중보기도"라고 표현하는 것을 자제하는 것이 좋으나 성경 번역본이 "도고"를 "중보 및 중재"로 번역했을 뿐만 아니라 그동안의 관습이 "다른 사람을 위해 특별히 기도한다"는 의미로 "중보기도"를 사용해 온 만큼 너무 부정적으로만 생각할 필요는 없다. 단지 신학적 혼란을 피하고, 신앙생활의 정리된 관습을 창조해 나가기 위해 "중보기도" 대신 "도고"나 "다른 성도를 위한 간구"와 같은 표현을 쓰는 것이 바람직하다. 우리가 쓰는 용어는 개념을 전달하기 때문에 자주 사용하다 보면 우리가 쓰는 용어 때문에 성경의 개념까지 흐리게 된다.

2. 십일조는
반드시 드려야만 할까요?

십일조(tithe) 헌금은 교회의 재정과 직결되어 있기 때문에 일선 목회자들이 강조할 수밖에 없는 대단히 민감한 문제이다. 그래서 어떤 목사는 성경구절을 잘못 해석하여 성도들에게 십일조 헌금을 강요하기도 한다. 그런데 요즈음은 교회 일각에서 십일조 헌금 폐지론이 대두되고 있다. 그런 주장은 십일조 헌금이 구약 율법에 속한 명령이요, 신약시대에는 구약 율법을 지킬 필요가 없다고 생각하기 때문에 생겨난 것이다. 그러면 신약시대 교회들은 십일조 헌금을 어떻게 생각해야 하는가? 일부 교인들의 주장처럼 십일조 헌금제도를 폐지해야 하는가? 아니면 신약시대 교회에서도 십일조 헌금 제도를 유지할 신학적 근거가 있는가? 우리는 이런 민감한 문제들을 하나님의 계시의 정신에 비추어 풀어나가야 한다.

십일조는 창세기 14장에서 처음으로 언급된다. 우리는 십일조의 언급이 하나님께서 모세에게 율법을 주신 이전 시기라는 사실에 주목해야 한다. 엘람 왕 그돌라오멜(Kedorlaomer)을 위시한 네 왕과 소돔 왕을 위시한 다섯 왕 사이에 싸움이 있었다(창 14:1-12). 이 싸움에서 소돔 왕을 위시한 다섯 왕이 패했고, 소돔에 살고 있었던 아브람(Abram)의 조카 롯(Lot)은 사로잡혀갔고 재물도 빼앗겼다(창 14:12). 이 소식을 들은 아브람이 집에서 길리고 훈련된 자 318명을 거느리고 그돌라오멜 왕과 그와 함께한 왕들을 쳐부수고 돌아올 때 살렘 왕 멜기세덱을 만났다. 아브람은 하나님의 제사장인 멜기세덱(Melchizedek)에게 그가 얻은 것에서 십분의 일을 바쳤다(창 14:17-20).

그런데 십일조와 관련한 구약의 모든 내용을 종합 분석해 보면 하나님은 십일조 제도를 통해 그의 백성들이 소유한 모든 것이 하나님으로부터 왔음을 인식시키기 원하셨다. 하나님은 물질 문제에 있어서도 이스라엘 백성의 하나님이 되시고, 이스라엘은 하나님의 백성임을 확인하시기를 원하신다. 그래서 구약의 십일조는 우리들의 모든 재물이 하나님께 속했음을 뜻하는 대표성을 가지고 있다(레 27:30; 민 18:24, 26; 느 10:38 참조). 이 말씀은 이스라엘 백성이 십일조를 바치면 소유한 재물의 전체를 바친다는 생각으로 바친다는 뜻이다. 하나님은 메시아가 아직 오시기 이전에 살고 있었던 이스라엘 백성들에게 그리고 하나님의 계시가 활짝 펼쳐지지 않은 시대에 살고 있었던 구약 이스라엘 백성들에게 십일조를 바치게 하심으로 자신이 이스라엘의 하나님이 되시고 이스라엘이 하나님의 백성이란 사실을 확실히 하신 것이다. 그러므로 십일조를 바치지 않으면 하나님의 율법을 어기고 궁극적으로는 하나님을 그들의 하나님으로 인정하지 않은 결과를 초래한다. 그래서 말라기(Malachi) 선지자는 십일조와 관련하여 하나님의 호의가 이스라엘을 떠난 것은 이스라엘이 하나님의 율법을 지키지 않은 결과임으로 십일조를 바쳐야 하나님의 호의가 돌아올 것이라고 경고하고 있다(말 3:8, 10). 온전한 십일조는 소득의 10분의 1을 바치는 의미도 있지만 바쳐야 할 헌물을 합당하게 바쳐야 한다는 뜻도 있다.

신약에는 십일조에 대한 기록이 많지 않다. 십일조가 언급된 모든 기록을 살펴보면 모두 7회밖에 안 된다(마 23:23; 눅 11:42; 18:12; 히 7:5, 6, 8, 9). 신약에서 십일조가 언급된 구절들을 분석해 보면 신약에서는 구약의 내용과 관습을 재 진술할 때 십일조가 언급될 뿐이지 구약에서처럼 율법으로 또는 명령으로 십일조를 바치라는 표현은 찾아볼 수 없다. 이런 이유 때문에 오늘날 어떤 목사님들은 십일조를 폐지해야 한다고 주장하기도 한다.

그러면 신약교회에서 십일조 헌금제도를 폐지해야 하는가? 신약시대의 십일조 헌금은 계시의 점진성을 고려할 때 유지되어야 한다. 구약시대나 신약시대나 십일조 헌금은 성도들의 모든 소유가 하나님의 것임을 확인하는 행위이다. 구약시대는 하나님의 구속에 관한 계시가 완전하게 펼쳐지지 않은 시대였다. 그런 시대에 사는 하나님의 백성에게 하나님께서 십의 일조를 바치라고 하셨다면, 신약시대에는 하나님의 계시가 완전하게 펼쳐진 상태이기 때문에 신약의 성도들은 더 좋은 여건 속에서 신앙생활 하는 것이다. 신약시대 성도들은 "더 좋은 것"(히 11:40)을 받았고 계시가 펼쳐진 시대에 살고 있는 특권을 누리고 있다. 그렇다면 계시가 덜 펼쳐진 시대의 구약 성도들이 십일조를 자신들의 구원에 대한 감사와 자신들의 모든 소유가 하나님의 것임을 십일조 헌금으로 확인한다면, 하나님의 계시가 더 확실하게 펼쳐진 시대에 사는 신약 시대 성도들은 십일조 이상으로 구원에 대한 감사를 드려야 하고 모든 소유가 하나님의 것임을 확인하여야 한다. 십일조는 신약시대의 성도들에게 최소한도의 감사와 헌신의 표시라고 할 수 있다.

신약성도들은 십일조 문제와 연관하여 예수님이 서기관들과 바리새인들을 책망하시면서 말씀하신 내용을 깊이 묵상하여야 한다. 예수님은 "화 있을진저 외식하는 서기관들과 바리새인들이여 너희가 박하와 회향과 근채의 십일조는 드리되 율법의 더 중한 바 정의와 긍휼과 믿음은 버렸도다 그러나 이것도 행하고 저것도 버리지 말아야 할지니라 맹인 된 인도자여 하루살이는 걸러 내고 낙타는 삼키는도다"(마 23:23-24, 개역개정)라고 책망하신다. 예수님은 서기관들과 바리새인들에게 "박하"(mint)와 "회향"(dill)과 "근채"(cumin)와 같은 아주 사소한 것들의 십일조는 드리면서 그 보다 훨씬 더 중요한 율법의 정신인 "정의"(justice)와 "긍휼"(mercy)과 "믿음"(faithfulness)은 버렸다고 책망하신다. 구약은 조미료나 향료와 같은 "박하"와 "회향"과 "근채"의 십일조를 바치라고 가르치지 않는다. 이것들은 바리새인들이 구약의 의식을 잘 지킨 체하기 위해 만든 의식에 불과하다. 사두개인들과 바리새인들은 이런 사소한 것들은 지켜야 한다고 생각하면서 정작 중요한 율법의 정신인 정의와 긍휼과 믿음은 생각하지도 않았던 것이다. 그래서 예수님은 "화 있을진저 외식하는 서

기관들과 바리새인들이여 너희가 박하와 회향과 근채의 십일조는 드리되 율법의 더 중한 바 정의와 긍휼과 믿음은 버렸도다"라고 책망하신다.

그리고 예수님은 율법이 먹지 못하게 한 가장 작은 동물 중 하나인 "하루살이"(gnat: 모기와 같은 곤충)는 걸러내고, 역시 율법이 먹지 못하게 한 부정한 동물 중 가장 큰 "낙타"(camel)는 삼킨다고 비유적으로 책망하신다(레 11:4, 23: 마 23:24). 엄격한 바리새인들은 율법이 먹지 못하게 한 하루살이를 무의식중에 먹을까 봐서 하루살이를 걸러내기 위해 마실 물을 천 조각을 사용하여 걸러내곤 했다. 반면에 예수님은 바리새인들이 해서는 안 될 더 중요한 일은 마구 행한다는 의미로 "낙타는 삼킨다"고 책망하신다. 예수님은 십일조에 관해 무슨 교훈을 하고 계시는가? 예수님은 십일조의 진정한 의미도 모른 채 외형적인 규례만 지키는 것을 하나님이 기뻐하시지 않고, 십일조의 근본 의미를 알고 십일조를 바치면서 생활하는 것이 하나님이 원하시는 것이라고 가르치신다. 그것은 바로 하나님이 모든 것을 창조하신 창조주이시요, 인간을 포함한 세상의 모든 것의 주인이라는 것을 인정하면서 사는 것이다.

3. 주일 성수란 어떻게 하는 것인가요?

"주일 성수"라는 말을 할 때 자연히 우리는 안식일 (Sabbath)과의 관계를 머리에 떠올린다. 그런데 우리는 "안식일 성수"가 아니라 "주일 성수"라는 용어를 사용한다. 이런 변화에 두 가지 질문이 포함되어 있다. **첫째 질문**은 "오늘날 성도들이 안식일 대신 왜 주일을 지켜야 하는가?"이며, **둘째 질문**은 "주일을 어떻게 지켜야 거룩하게 지키는 것인가?"라는 질문이다.

우선 **첫째 질문**부터 생각해 보자. 구약시대에는 이스라엘 백성들이 안식일을 지켰다. 오늘날로 말하면 토요일을 안식일로 지킨 것이다. 성경은 "안식일을 기억하여 거룩하게 지키라"(출 20:8)라고 명령한다. 구약 성경은 이스라엘 백성들이 어떻게 안식일을 지켜야 할 것을 여러 곳에서 명시해 주고 있다(출 20:9-11; 사 58:13-14; 렘 17:21-22). 그러나 신구약 성경 어느 곳에도 "너희는 주일을 기억하여 거룩하게 지키라"라고 명령하는 말씀은 없다.

하나님은 세상을 창조하실 때 6일 동안 창조의 일을 하시고 7일째(토요일) 되는 날 창조의 일로부터 쉬셨다. 그래서 토요일이 안식일로 정해진 것이다. 구약시대에 토요일을 안식일로 지킨 것은 하나님의 창조원리와 부합하기 때문이요, 그리고 그 창조 원리 속에 하나님의 구속적 의도(경륜)가 내포되어 있기 때문이다. 구약의 성도들은 메시아(Messiah)의 강림을 바라보는 형편에 처해 있었다. 구약시대나 신약시대를 막론하고 구원을 받는 것은 그리스도 안에서만 가능하기 때문에 구약시대의 백성들은 구속 성취를 미래로 둔 상태로 바라다보는 믿음으로 구원을 얻었다. 진정한 안식도 그리스도 안에서만 누릴 수 있기 때문에 구약의 성도들은 구속과 뗄 수 없는 관계에 있는 참 안식을 바라다보면서 살았다(히 4:8-9). 즉 구약의 성도들은 6일 동안 노동을 하면서 7일째의 안식을 소망하며 살도록 되어있었다.

그러나 신약시대는 그리스도의 구속이 이미 성취된 시대이다. 하나님은 독생자 예수 그리스도의 십자가 죽음과 부활을 통해 죄 문제를 해결하시고 구속을 성취하셨다. 그래서 바울 사도는 "예수는 우리가 범죄한 것 때문에 내줌이 되고 또한 우리를 의롭다 하시기 위하여 살아나셨느니라"(롬 4:25. 개역개정)라고 말할 수 있었다. 신약의 성도들은 그리스도를 믿음으로 이미 그리스도와 연합이 되었고, 이미 구속을 얻어 안식을 소유한 사람들이다. 신약시대의 성도들이 예수님께서 부활하신 일주일의 첫 날 즉, 주일(Sunday)을 지키는 것은 이미 소유한 구속을 재확인하고, 이미 소유한 안식을 재확인하면서 주일을 지킨다. 구약시대의 성도들은 6일 동안 노동을 하면서 7

일째의 안식을 바라보지만, 신약시대의 성도들은 예수님이 부활하신 일주일의 첫째 날에 이미 소유한 안식을 재확인하고 나머지 6일은 감사의 마음으로 생활하게 된다. 오늘날 성도들이 토요일 대신 주일을 지키는 이유는 예수 그리스도의 구속 성취를 믿기 때문이다. 그러므로 신약시대의 안식일을 토요일로 고집하는 사람은 그리스도의 구속을 경시하거나 무효화시키는 잘못을 범하는 것이다.

이제 **두 번째 질문**을 생각해 보자. 주일을 어떻게 지키는 것이 주일성수하는 것인가? 예수님은 안식일에 밀 이삭을 잘라 비벼먹는 제자들의 행동을 나무라지 않으시고(마 12:1-21; 막 2:23-28; 3:1-6; 눅 6:1-11), 이 사건을 다윗(David)이 놉 땅에 가서 성전에 들어가 제사장 이외에는 먹을 수 없는 진설병을 먹은 사건과 연결시켜 설명하신다(삼상 21:1-6). 바리새인들은 제자들의 행동에서 율법, 노동, 법칙만을 보았지만, 예수님은 사람이 안식을 취하고 기쁨을 누리고 있는 것을 보신 것이다. 주일을 대하는 성도들의 태도는 예수님의 태도를 본받아야 한다. 성도들은 주일에 금지 대신 자유를, 노동 대신 휴식을, 슬픔 대신 기쁨을, 절망 대신 소망을 바라볼 줄 알아야 한다.

주일은 성도들이 일상 하던 일을 멈추고 하나님을 경배하는 날이다. 주의 날에는 하나님을 경배하고 성도 간에 교제하는 것이 가장 우선적인 일이다. 그리고 성도들이 하나님을 경배하기 위해 필요한 것은 일정한 장소에 모이는 것이다(히 10:25). 성도들이 주의 날에 한 곳에 모이므로 세상을 향한 교회의 책임을 감당하게 되는 것이다. 교회가 주일 한 곳에 모여 하나님께 예배를 드리고 서로 교제함으로 성도들의 정체성(identity)을 드러내게 된다. 성도들은 주일에 한 곳에 모여 예배를 드림으로 자신들이 하나님께 속했고, 하나님의 자녀임을 세상에 드러내 보이는 역할을 하게 된다(요 1:12). 그리고 성도들이 주일에 쉬면서 하나님께 예배를 드림으로 세상을 향한 성도들의 사명(mission)을 성취하게 된다.

주일은 성도들이 안식하는 날이다. 성도들은 주일에 휴식하고 엿새 동안 열심히 일해야 한다. 주일은 영혼과 몸의 재충전을 위해 필요하다. 그러므로 특별한 경우를 제외하고는 일을 하지 않고 쉬는 것이 성수 주일하는 것이다. 특별한 경우란 병원에서 생명을 구하는 일이라든지, 어떤 사고 현장에서 사람의 생명을 구하기 위해 노동을 해야 한다든지와 같은 경우이다. 주일에 휴식을 취하는 대원리는 어떤 일이 안식일의 주인이신 예수님을 기쁘게 하느냐 그렇지 않느냐에 달려있다. 성도들은 흔히 주일에 물건을 사야 하느냐, 주일에 텔레비전을 볼 수 있느냐, 주일에 여행을 떠날 수 있느냐는 등의 질문을 하곤 한다. 이런 질문에 대한 답은 그런 일을 주일에 할 때 안식일의 주인이신 예수님이 기뻐하실 일이냐 아니냐를 판단해 보면 알 수 있다. 성경은 성도들이 주일에 해야 할 일과 하지 말아야 할 일을 구체적으로 구분해 놓고 있지 않다. 문제는 주일에 해야 할 어떤 일이 예수님을 기쁘시게 하는 일이냐 아니냐에 달려있다.

주일성수와 관련하여 예전에 회자되었던 일화를 생각해 보자. 대한예수교장로회(고려파)는 일제 치하에서 신사참배를 반대하다가 옥고를 치른 목사님들이 앞장서서 세운 교단이다. 그런데 고려파 교단에 주○○ 목사님이 계셨는데 그도 역시 믿음 때문에 옥고를 치렀고 겸손한 목회자였다. 그는 예수님을 극진히 사랑했고 주일성수를 철저히 하는 목회자였다. 그런데 주○○ 목사님이 거창교회를 목회하실 때 토요일 저녁 늦게 주일을 준비하기 위해 면도를 시작했다. 그런데 주○○ 목사님이 코 밑 수염 절반 정도를 면도하셨을 때 시계가 자정을 알리는 땡 소리를 시작했다. 주○○ 목사님에게는 바로 그 순간부터 안식일이 시작된 것이다. 그래서 주○○ 목사님은 하던 면도를 멈추고 주일을 맞이했다. 주○○ 목사님은 주일 아침 설교시간에 절반은 면도된 얼굴, 절반은 면도되지 않은 얼굴로 성도들 앞에 나타나서 설교를 했다. 우리는 주○○ 목사님이 성수주일을 철저히 지키시길 원하는 그 마음은 본받아야 한다. 오늘날 주일성수에 대한 의식이 너무 많이 흐릿해진 상황에서는 더더욱 그렇다. 하지만 자정을 울리는 시계소리를 듣고 면도를 멈추는 것이 올바른 성수주일 하는 것이라고 할 수 없고, 예수님이 기뻐하실 일이라고 말할 수도 없다(박형용, 『하나님이 가라사대, 쉬면서 하거라』, 안산: 좋은미래, 2012, pp. 404-405 참조). 우리는 내가 주일에 하는 일이 예수님께서 기뻐하시는 일인가를 생각하면서 주일을 지켜야 한다.

4. 사도신경 고백을 눈 뜨고 하면 안되나요?

사도신경(The Apostles' Creed)은 주기도문(the Lord's Prayer)과 달리 성경에 전체의 내용이 잘 정리되어 나타나지 않는다. 주기도문은 우리가 잘 아는 것처럼 현재 우리가 기도하는 것과 거의 같은 내용으로 마태복음에 기록되어 있다(마 6:9-13). 하지만 사도신경은 그 내용이 단편적으로 성경의 이곳저곳에 언급되어 있지만 주기도문처럼 한 곳에 정리되어 나타나지 않는다. 우리가 "사도신경"이라고 부르는 현재의 사도신경은 사도들이 만들었다고 생각할 수 없다. 그러므로 현재의 사도신경은 사도들과는 직접적인 상관관계에 있지 않다. 하지만 우리가 고백하는 사도신경의 내용은 사도들이 전적으로 받아들일 수 있는 성경적 진리이다.

현재 우리가 고백하는 사도신경은 3, 4세기에 로마(Rome)에 있는 교회가 세례 베풀 때 사용한 세례 강령(baptismal creed)과 비슷한 형식이었고, 그 후 6세기 후반이나 7세기 초에 프랑스 서남쪽 지방의 교회가 현재의 형태와 같은 신앙고백을 최종적인 형태로 인정한 것이다. 그리고 인노센트 3세(Innocent III)가 교황으로 재직하고 있을 때(1198-1216) 이미 최종적인 형태로 받아들여진 사도신경을 서방 가톨릭교회의 공식 신앙고백문으로 인정을 한 것이다. 그러므로 현재 우리가 고백하는 사도신경은 7세기 초부터 교회의 고백문으로 인정되기 시작했고 12세기나 13세기에 이르러 완전한 형태의 신앙고백문으로 정착을 하게 되었다(참조, 이남규, 『개혁교회 신조학』, 합신대학원출판부, 2020, pp. 29-35).

주일에 예배하는 중에 대부분의 교회는 사도신경을 외운다. 일반적으로 대부분의 교회는 사도신경을 신앙고백으로 외울 때 눈을 감고 외우도록 안내를 한다. 그러나 그런 관행이 우리들의 기도의 관행과 연계되어 눈을 감게 되었을 것으로 짐작해 본다. 하지만 사도신경은 기도가 아니다. 사도신경은 내가 믿는 기본적인 교리가 무엇인지를 고백하는 것이다. 그러므로 사도신경을 고백할 때는 내가 믿고 고백하는 내용이 무엇인지를 확실하게 알고 고백해야 한다.

그런데 한국교회의 관행은 사도신경을 눈 감고 외우도록 진행되어 왔다. 어느 교회든지 목사가 예배의 순서에 나와 있는 신앙고백의 차례가 오면 성도들은 자동적으로 눈을 감고 외우기 시작한다. 본인의 기억으로는 목사가 사회를 하면서 "신앙고백은 우리가 믿는 교리를 확실하게 알면서 고백하는 것이니 눈을 뜨고 사도신경의 내용이 무엇인지를 인식하고 고백해야 합니다."라고 안내한 경우를 보지 못했다.

사도신경의 내용을 분석하면 (1) 우리는 1위(the First Person)이신 하나님 아버지가 전능하시고 천지를 창조하셨음을 믿는다(창 1:1).

"전능하신"과 "천지의 창조주"란 말 속에 하나님의 주권과 사랑이 함축되어 있다. 성경은 전능하신 하나님이 6일 동안 말씀으로 천지를 창조하시고 7일째 되는 날 쉬셨다고 명시한다(창 1:1-31: 2:1-3). 물론 2위 예수 그리스도와 3위 성령께서 천지창조에 참여하시지 않은 것은 아니다(창 1:26: 요 1:10). 하지만 사도신경은 삼위 하나님의 사역을 구분해서 정리하고 있을 뿐이다. (2) 우리는 2위(the Second Person)이신 주 예수 그리스도를 믿는다. 2위이신 예수님에 대한 설명은 그의 성육신에서부터 재림 때까지의 내용을 포함한다. 사도신경은 1위 하나님 아버지와 3위 성령과는 달리 2위이신 예수님에 관해서는 비교적 자세하게 설명하고 있다. 2위이신 예수님에 관한 내용을 분석하면 대략 8가지의 고백해야 될 내용으로 정리할 수 있다. **첫째,** 우리는 예수님이 하나님의 유일하신 아들이심을 믿어야 하고 바로 그 아들이 인간의 방법으로가 아닌 성령으로 잉태되신 사실을 믿어야 한다(눅 1:31: 요 1:14). **둘째,** 우리는 예수님이 인간의 몸을 입고 오실 때 아직 결혼하지 않은 동정녀의 몸을 빌려 잉태되셨음을 믿어야 한다(마 1:18). 성경은 "보라 처녀가 잉태하여 아들을 낳을 것이요 그의 이름은 임마누엘(Immanuel)이라 하리라"(마 1:23)라고 인간의 방법이 아닌 하나님의 방법으로 아들을 보내셨음을 확실히 한다. **셋째,** 우리는 예수님이 유대의 총독 빌라도(Pontius Pilate)에게 재판을 받아 사형선고를 받은 사실을 믿음으로 예수님이 확실한 역사적인 인물이었음을 인정해야 한다(눅 23:24~25). **넷째,** 우리는 예수님이 인간의 죄 문제를 죽음으로 해결하시기 위해 십자가에서 우리를 대신해 죽으신 것을 믿어야 한다(요 19:30). 예수님은 자신이 죽음으로 인간의 사망 문제를 해결 하셨다(고전 15:55-57). **다섯째**, 우리는 예수님이 유대의 방법에 따라 무덤에 묻히신 것을 믿어야 한다(마 27:66; 눅 23:53). **여섯째**, 우리는 예수님께서 우리에게 영원한 생명을 주시기 위해 죽은 자들 가운데서 부활하셨음을 믿어야 한다(눅 24:39;요 20:7). 예수님의 부활은 죽은 자들의 부활의 첫 열매가 되는 부활이다(고전 15:20). **일곱째**, 우리는 예수님께서 부활 후에 "살려주는 영"(the Life-giving Spirit)이 되셔서 편재하실 수 있는 상태로 복귀되어 영광의 자리, 존귀의 자리, 능력의 자리에 오르신 것을 믿어야 한다(고전 15:45; 마 28:20; 눅 22:69). **여덟째**, 우리는 예수님이 재림하셔서 역사를 종결하시고 살아있는 자와 죽은 자를 심판하실 것을 믿어야 한다(요 14:18; 행 1:11). (3) 우리는 3위(the Third Person)이신 성령을 믿는다. 성령이 하나님 되심을 믿고 그 하나님이 우리 안에 내주하심을 믿는다(고전 3:16; 6:19). (4) 우리는 예수 그리스도의 구속 성취를 근거로 설립된 그리스도의 교회를 믿는다(마 16:18). 신약 교회는 하나님의 구속 역사의 완성을 위해 반드시 필요한 믿음의 공동체이다. (5) 우리는 구속받은 성도로서 서로 교제하면서 살아가야 함을 믿는다(눅 22:15-20; 행 2:43-47). (6) 우리는 예수님의 구속 성취로 인해 우리들의 죄가 용서받았다는 사실을 믿는다(행 2:21; 롬 3:24; 5:8; 8:1). (7) 우리는 예수님이 죽은 자들 가운데서 살아나신 것처럼 우리들도 부활체를 입고 부활할 것을 믿는다(고전 15:13, 20, 51-52). (8) 우리는 부활체를 입고 영원히 성삼위 하나님을 즐거워하며 사는 것을 믿는다(계 14:13; 22:16-17). 이렇게 우리가 고백하는 사도신경은 하나님의 구원 계획 전모를 포함하고 성경이 가르치는 중요한 교리를 간략하게 정리한 것이요, 우리는 그 내용이 성경의 교훈이요, 하나님이 완성하실 것을 확실하게 믿는 것이다. 예수님이 "나는 알파와 오메가요 처음과 마지막이요 시작과 마침이라"(계 22:13)고 하신 말씀이 사도신경에 면면히 반영되어있다.

사도신경은 단순히 기도가 아니다. 물론 눈을 감고 그 내용을 확실하게 인지하면서 고백하는 것은 잘못이 없다. 하지만 신앙생활을 시작한 지 얼마 되지 않은 성도는 사도신경의 내용을 모두 확실하게 외울 수는 없다. 그래서 예배 시에 신앙고백을 하는 차례가 오면 옆 사람이 자동적으로 눈을 감기 때문에 자신도 할 수 없이 눈을 감게 되는데 고백하는 내용은 확실하지 않아서 어물어물 넘어가는 것이 상례이다. 그러므로 목사는 예배를 인도할 때 성도들에게 신앙고백의 성격을 설명하고 고백하는 내용을 확실하게 알면서 고백할 수 있도록 눈을 뜨고 사도신경의 내용을 고백하도록 안내하는 것이 좋다.

5. 설교할 때 목사님이 가운을 입는 것이 좋을까요?

목사가 주일 예배를 드릴 때 가운(gown)을 입고 설교를 하든지 입지 않고 설교를 하든지 그렇게 큰 문제는 아니다. 옛날 한국의 경제가 어려울 때는 목사들의 복장이 변변치 않아 그것을 가리기 위해 가운을 입고 설교하는 경우가 있었다. 그리고 찬양대도 각각의 찬양대원들의 의복이 너무 허술하여 가운을 입지 않고 찬양을 하는 것이 성도들의 마음을 혼란스럽게 하는 경우도 있었다. 그러나 이제는 한국의 경제 상황이 많이 좋아져서 복장 문제로 가운을 입어야하는 경우는 거의 찾아볼 수 없다.

일반적으로 대부분의 목사들은 설교할 때 가운을 입고 설교하지 않는다. 소수의 목사들이 설교할 때 가운을 입고 설교하는 것으로 알고 있다. 하지만 TV에 나와 설교하는 목사들 중 일부는 가운을 입고하는 것으로 안다. 어떤 교단은 목사의 정장을 고안하여 목사들이 입고 생활하도록 권장하는 경우도 있다. 우선 목사들이 목사임을 드러내는 정장을 입고 활동할 경우 목사가 자신의 행동을 더 조심스럽게 할 것이라는 긍정적인 기대를 가져 볼 수 있다. 하지만 성도들도 그러하지만 특별히 목사들은 하나님 앞에서(Coram Deo) 생활하는 사람이다. 목사들은 누가 보던 보지 않던 하나님을 의식하며 말과 행동을 자제하면서 살아야 한다. 목사들이 목사임을 드러내는 목사의 정장을 입는 것은 목사와 일반 성도들을 구분시킨다는 점에서 바람직하지 않다.

그런데 목사들이 설교할 때 가운을 입고 설교하는 것이 옳은가? 라는 질문은 별로 심각하지 않은 것처럼 들린다. 하지만 교회가 어떤 단체인지 그리고 목사가 교회 내에서 어떤 위치의 사람인지를 생각하면 이상의 질문을 곰곰이 따져 볼 필요가 있다. 목사는 하나님 앞에서 성도들과 마찬가지로 하나님의 은혜로 구원받은 죄인에 불과하다. 목사도 죄를 지으면 성도들과 마찬가지로 하나님께 회개하여 죄의 용서를 받아야 한다. 하나님 앞에서 목사나 성도들이나 똑같은 죄인이요 하나님의 사랑과 은혜와 자비를 받아야 할 대상이다. 이는 성경이 가르치는 교훈이며 종교개혁자들이 "만인 제사장직"(Priesthood of Believers)이라는 표현을 통해 가르친 교리와 그 맥을 같이 하고 있다. 그런데 목사가 예배를 드릴 때 가운을 입고 설교하는 것은 우선 목사와 성도들을 구별하여 목사가 특별한 존재임을 나타내게 된다. 목사는 말씀을 전할 책임을 맡은 직분을 소유하고 있다는 점에서 성도들과 차이가 있는 것은 분명하다. 하지만 성도들도 그리스도의 피로 값 주고 산 교회의 지체들로서 자신들이 감당해야 할 역할이 있다. 그런데 성도들은 가운 입은 목사를 보며 목사는 자신과 다르다는 생각을 갖게 된다. 이는 목사의 직분을 곡해하게 만드는 경우로 성경적인 가르침에 반하는 것이다. 그러므로 목사가 예배드릴 때 가운을 입고 설교하는 것은 바람직하지 않다.

그리고 일반적으로 대부분의 목사들은 주일에 예배드릴 때 가운을 입고 설교하지 않지만 거의 모든 목사들이 성찬예식(the Lord's Supper)을 행하는 주일에는 설교할 때는 물론 성찬식을 집례 할 때 가운을 입고 진행한다. 또한 성찬예식을 돕는 장로님들도 가운을 착용하고 배병하고 배잔하는 일로 성찬예식의 진행을 돕는다. 이와 같은 관행은 성도들의 의식 속에 설교와 성찬예식을 비교하게 만드는 역할을 한다. 성찬예식과 설교는 은혜의 수단(Means of Grace)이다. 성도들은 설교를 들으므로 하나님의 은혜를 받는다. 그리고 성도는 역시 성찬예식에 참여함으로 예수 그리스도의 죽음을 기억하고 은혜를 받는다. 그런데 성찬예식은 예수님을 주(Savior)로 이미 고백하고 세례를 받아 그리스도의 몸 된 교회의 일원이 된 사람만이 참여할 수 있다. 성찬예식은 가족들만이 참여하는 식사라고 할 수 있다. 그러나 설교는 예수님을 이미 믿는 성도나 혹은 예수를 아직 믿지 아니하는 불신자나 모두 참여하고, 성도는 하나님의 말씀으로 책망받고, 격려받고, 위로받고, 인도받는 은혜를 받고, 불신자는 하나님의 말씀을 듣고 자신의 죄를 깨닫고 회개하고 주님을 구주로 영접하는 은혜를 받는다. 그런데 목사가 설교할 때는 가운을 입지 않고 설교하고, 성찬예식을 집례 할 때는 가운을 입고 진행하면 성도들의 의식에 성찬예식이 설교보다 더 중요하다는 잘못된 인식을 각인시키는 역할을 하게 된다. 그러므로 목사와 교회 리더들의 잘못된 관행 때문에 성경의 진리가 왜곡될 수 있는 빌미가 있다면 이는 당연히 교정되어야 할 잘못된 관행이다.

여기서 한 가지 정리하고자 하는 것은 찬양대원들이 가운을 입는 것이 옳은가 하는 문제이다. 찬양대원들이 가운을 입는 것은 만인제사장직 교훈과도 관련이 없고, 은혜의 수단과도 관련이 없다. 단지 수십 명의 대원들이 성도들을 대신해서 하나님께 찬양을 올려드리는데 그 복장들이 들쭉날쭉하게 보이면 성도들의 마음이 흐트러질 가능성이 있다. 하나님이 예배하는 자들에게 원하시는 것은 "하나님은 영이시니 예배하는 자가 영과 진리로 예배"(요 4:24)하는 것이다. 여기서 예수님이 "영과 진리"(spirit and truth)라고 말씀한 뜻은 성도들이 예배할 때 성도들의 마음과 뜻이 하나님 중심으로 하나가 되어야 하며 하나님의 말씀이 반드시 선포되어야 함을 강조한 것이다. 그러므로 찬양대원들이 가운을 가지런하게 입고 찬양을 올리는 것은 성도들의 마음을 하나로 묶는데 기여하는 좋은 관행이라 생각한다. 그러므로 예배를 드릴 때 찬양대원들이 가지런하게 가운을 입고 찬양하는 것은 무방하다고 사료된다.

6. 주일 외에 다른 날 때예배를 드리면 안되나요?

주일에 반드시 예배를 드려야 하는가? 지역 형편에 따라서 주일(Sunday) 이외의 다른 날에 공적예배를 드리면 안 되는가? 이와 같은 질문은 "일주일의 모든 날이 똑같은 날 아닌가?"라는 생각에서 나온 질문이다. 그리고 주일에 예배를 드리는 것은 모든 관공서와 회사들이 주일(일요일)에 업무를 쉬기 때문에 주일에 예배드리는 것이 편리해서 그렇게 정착된 것뿐이지 꼭 주일에만 예배를 드려야 할 필요가 있는가라고 생각한데서 기인한 것이다. 가끔 어떤 교회 공동체는 자신들의 형편 때문에 "우리가 주일 이외의 다른 날을 정해놓고 공적예배를 드릴 수는 없는가?"라고 질문을 하는 경우가 있다. 얼핏 보기에 주일에 예배를 드리든 다른 요일에 예배를 드리든 참여하는 모든 사람이 동의하면 아무런 문제가 없는 것처럼 보인다. 그러나 주일에 예배를 드리는 것은 우리들의 구원과 관련된 깊은 의미를 내포하고 있기 때문에 주일 이외의 다른 날에 예배를 드리는 문제는 심사숙고해서 결정해야 할 문제이다.

성도들이 주일에 한 곳에 모여 공 예배를 드리는 것은 하나님의 구속역사 성취와 직결되어 있는 문제이다. 하나님은 세상을 창조하실 때 일주일이라는 시간대를 설정하여 창조의 사역을 하셨다. 창세기 1장과 2장을 읽어보면 첫째 날(창 1:5), 둘째 날(창 1:8), 셋째 날(창 1:13), 넷째 날(창 1:19), 다섯째 날(창 1:23), 여섯째 날(창 1:31), 그리고 일곱째 날(창 2:1-3)이라는 표현이 나온다. 하나님은 6일 동안 창조의 사역을 하시고 7일째 되는 날을 "복되게 하사 거룩하게 하셨"(창 2:3)는데 그 이유는 하나님이 창조의 모든 일을 마치시고 일곱째 날에 안식하셨기 때문이다(창 2:2; 출 31:17). 이처럼 하나님은 일곱째 날을 복되게 하시고 그의 백성의 삶 속에 안식의 날로 정착을 시키신다. 이스라엘 백성이 출애굽하여 신 광야(the Desert of Sin)에 이르렀을 때 여호와 하나님께서 만나(Manna)와 메추라기(Quail)를 양식으로 제공해 주신다. 하나님은 이스라엘 백성으로 하여금 매일 필요한 만큼 거두어서 먹게 하시지만 안식일 전날에는 이틀분에 해당하는 만나와 메추라기를 거둘 수 있게 하시고 안식일(Sabbath)에는 양식을 제공하시지 않고 쉬게 하신다. 성경은 "오늘은 여호와의 안식일인즉 오늘은 너희가 들에서 그것을 얻지 못하리라 엿새 동안은 너희가 그것을 거두되 일곱째 날은 안식일인즉 그날에는 없으리라"(출 16:25-26, 개역개정)라고 안식일에는 일을 멈추고 안식하도록 가르친다. 성경은 계속해서 "그러므로 백성이 일곱째 날에 안식하니라"(출 16:30)라고 일곱째 날에 안식하는 것이 하나님의 계획임을 확실히 한다. 그리고 하나님은 모세(Moses)에게 십계명(the Ten

Commandments)을 주시면서 제4계명으로 "안식일을 기억하여 거룩하게 지키라"(출 20:8)라고 명령하신다.

이스라엘 백성을 출애굽 시키신 하나님은 그들에게 "젖과 꿀이 흐르는 땅"(출 3:8, 17; 13:5; 33:3; 레 20:24; 민 14:8; 신 6:3)인 가나안 (Canaan) 땅으로 인도하실 것을 약속하신다. 이스라엘 백성은 애굽의 학정 밑에서 핍박과 고통과 학대와 무시를 당하며 살았지만 이제는 하나님이 약속하신 가나안 땅에 들어가면 자유와 평강과 기쁨과 안식을 누리면서 살 것을 바라다보게 되었다. 그러나 이스라엘 백성들은 출애굽한 후 광야 생활을 하는 동안 하나님의 말씀에 순종하지 않고 배역하는 생활을 계속했다. 그래서 시편기자는 "내가 사십 년 동안 그 세대로 말미암아 근심하여 이르기를 그들은 마음이 미혹된 백성이라 내 길을 알지 못한다 하였도다 그러므로 내가 노하여 맹세하기를 그들은 내 안식에 들어오지 못하리라 하였도다(시 95:10-11, 개역개정)라고 말씀하신다.

하나님은 안식일을 복되게 하시고 안식일에는 하나님의 백성들이 하나님께 경배하며, 하나님의 백성들 간에 교제를 나누며, 일상에서부터 안식하며, 선한 일을 하기를 원하신다. 그런데 우리가 여기서 주목해야할 것은 안식일을 바라보는 삶의 패턴이 구약 시대의 하나님의 백성들의 구원의 방법과 연계되어 있다는 사실이다. 구약의 성도들은 매일의 일상 가운데서도 다가오고 있는 안식일을 생각하고 그 날에 누릴 안식을 바라다보면서 생활을 한다. 하루가 지나가면 안식일에 하루가 더 가까워졌다고 즐거워하면서 산다. 이렇게 구약의 백성들은 미래의 안식을 바라다보는 소망으로 살았다. 마찬가지로 구약의 하나님의 백성들은 앞으로 오실 메시아(Messiah)이신 예수 그리스도를 바라다봄으로 구원을 받게 된다. 왜냐하면 진정한 안식은 오직 예수 그리스도 안에서만 가능하기 때문이다.

구약의 하나님의 백성들은 하나님께서 "내가 너희들의 죄 문제를 해결할 메시아를 보내 주겠다. 네가 이것을 믿느냐?"라고 물으실 때 "예, 하나님의 말씀을 믿습니다"라고 반응을 보이면 하나님은 그들의 믿음과 앞으로 오실 메시아를 연결시켜 주셔서 구원을 받게 된다. 구약의 하나님의 백성들은 하나님께서 약속하신 메시아를 믿음으로 구원을 받는 것이다. 그래서 우리는 "구약의 성도들은 바라다보는 믿음으로 구원을 받는다"라고 말한다. 안식의 경우도 구약의 성도들 역시 그리스도 안에서만 진정한 안식을 누릴 수 있었다. 그래서 히브리서 저자가 "여호수아가 그들에게 안식을 주었더라면 그 후에 다른 날을 말씀하지 아니하셨으리라"(히 4:8, 개역개정)라고 가르친다.

구약에서 "여자의 후손"(창 3:15)으로, "메시아"(단 9:25-26: 사 53:4-9: 미 5:2)로 예언된 예수 그리스도께서 여자의 후손으로 율법 아래에 태어나셔서(갈 4:4) 그의 십자가의 죽음으로 인간의 죄 문제를 해결하셨다(롬 4:25: 5:17-18). 죄의 삯은 사망이기 때문에 예수님은 죽으심으로 사망을 이기신 것이다(롬 6:23: 고전 15:55-57). 그러나 하나님의 구속역사의 완성은 예수님의 죽음에서 끝나지 않고 예수님의 부활이 반드시 필요하다. 성도들은 예수님을 믿음으로 예수님의 죽으심과 연합한 자가 되었을 뿐만 아니라 예수님의 부활과도 연합한 자가 되었다(롬 6:5).

성경은 예수님이 부활하신 날이 주일(Sunday)임을 강조한다. 마태(Matthew)는 예수님이 부활하신 날을 "안식일이 다 지나고 안식후 첫날이 되려는 새벽"(마 28:1)이라고 말함으로 예수님이 부활하신 날이 "주일"임을 확증하고, 누가(Luke)는 예수님이 부활하신 날을 "안식 후 첫날"(눅 24:1)이라고 묘사하며, 마가(Mark)도 "안식 후 첫날"(막 16:2, 9)이라는 표현을 사용한다. 요한(John)은 예수님이 부활하신 날을 "안식 후 첫날"(요 20:1, 19)이라고 표현할 뿐만 아니라, 아주 구체적으로 "주의 날"(계 1:10)이라는 표현으로 예수님이 부활하신 날이 "주일"임을 확인한다. 예수님은 일주일의 첫째 날에 부활하신 것이다. 예수님이 "일주일의 첫날" 즉 주일에 부활하심으로 성도들의 정체성과 삶의 패턴에 큰 변화가 발생했다. 성도들은 죽으시고 부활하신 예수님을 주와 그리스도로 믿음으로 믿는 즉시 예수님이 성취하신 모든 것을 소유할 수 있게 되었다. 그래서 성도들은 믿는 즉시 "하나님의 자녀"(요 1:12)가 되었으며, "하늘의 시민권"(빌 3:20)을 소유했고, "사망에서 생명으로 옮김을 받은 자들"(요 5:24)로서 영생을 이미 소유한 자들이며, "하나님의 씨"(요일 3:9)를 소유한 사람들이요, 예수 그리스도 안에서 진정한 안식을 누리는 사람들이다.

그러므로 신약시대의 성도들이 주일에 예배를 드리는 것은 하나님의 자녀가 되었음을 확인하고 하나님께 경배와 감사와 찬양을 드리며 하나님의 자녀가 세상에서 어떤 모습의 삶을 살아가야 할 것을 다짐하고 결단하는 것이다. 성도들이 한 주의 첫 날 예배를 드리는 것은 우리가 그리스도 안에서 구원받은 자들임을 확인하고 나머지 일주일동안 매일매일 하나님의 자녀의 삶을 구현해야 한다는 뜻이 포함되어 있는 것이다. 그러므로 구원받은 성도들은 한 주의 첫날인 주일 일정한 장소에 모여 공적예배를 드리는 것이 바른 것이다. 그리고 성도들이 주일에 함께 모여 예배를 드리는 것은 성도들이 세상으로부터 성별된 존재들이라는 사실을 만천하에 공표하는 역할도 함께 하는 것이다.

물론 주변의 상황 때문에 일주일 내내 공적예배를 한 번도 드리지 않는 것보다는 한시적으로 어느 날이든지 예배를 드리는 것이 더 낫다. 그러나 성도들은 한 주의 첫 날인 주일에 공적예배를 드리는 것이 하나님의 구원계획에 일치하는 예배임을 알아야 한다.

ㄱ. 영적인 일과 세속적인 일을 구분할 수 있나요?

성도의 영성은 예수를 구주(Savior)로 믿음으로 시작된다. 성도의 영성이 어떻게 시작되는가? 예수 그리스도를 믿기 전의 사람은 영적인 사람(Spiritual man)이라고 부를 수 없다. 왜냐하면 모든 사람은 다 죄인이기 때문이다(롬 3:10). 죄인이 예수를 구세주로 받아들이기 위해서는 성령의 도움이 있어야만 한다. 성경은 "하나님의 영으로 말하는 자는 누구든지 예수를 저주할 자라 하지 아니하고 또 성령으로 아니하고는 누구든지 예수를 주시라 할 수 없느니라"(고전 12:3, 개역개정)라고 분명하게 가르친다. 죄인이 성령의 도움으로 예수를 주로 시인하며 또 하나님께서 그를 죽은 자 가운데서 살리신 것을 믿으면 구원을 받게 된다(롬 10:9-10). 그리고 예수를 믿는 순간부터 성령은 성도 안에 내주하시기 시작한다. 이처럼 죄인이 성령의 도움으로 예수를 주로 시인하면 구원을 받아 성도가 되고, 성령은 구원받은 성도 안에 즉시로 내주하시기 시작한다. 그래서 바울은 "너희가 하나님의 성전인 것과 하나님의 성령이 너희 안에 계시는 것을 알지 못하느냐"(고전 3:16; 고전 6:19 참조)라고 가르친다. 따라서 예수 믿는 성도는 신령한 존재이다. 성도는 성령을 소유한 영적인 존재(Spiritual person)이다.

그러면 한 사람이 예수를 믿어 성도가 되어 "영적인 존재"가 되면 그 성도에게 어떤 변화가 발생하는가? 인간의 죄 문제는 인간 스스로 해결할 수 없는 문제이다. 그래서 하나님은 하나님의 방법으로 인간의 죄 문제를 해결하신다. 하나님은 인간의 죄 문제와 영생의 문제를 해결하시기 위해 그의 아들 예수 그리스도를 인간의 몸을 입혀 성육신하게 하신다. 바울은 예수님의 성육신을 "자기 아들을 죄 있는 육신으로 보내어"라고 표현하지 않고, "자기 아들을 죄 있는 육신의 모양으로 보내어"(롬 8:3)라고 표현함으로 인간이 되신 예수님이 죄가 없음을 나타내고자 했다. 예수님은 우리와 똑같은 성정을 가지신 분이시지만 죄 없는 상태로 고난을 당하시고 죽으시고 부활하심으로 인간의 죄 문제뿐만 아니라 영생의 문제를 해결해 주시고 하나님과의 불목의 관계를 화목의 관계로 전환시켜 주셨다(롬 4:25; 5:8; 6:23; 8:11). 그러므로 사람이 예수를 구주로 믿으면 그 순간부터 성도의 삶과 예수님의 삶이 연합되어 예수님이 그의 비하상태(고난과 죽음)와 승귀상태(부활과 승천)를 통해 성취하신 구속의 모든 내용이 성도의 소유가 된다.

그래서 바울은 그리스도와 성도들은 "함께 살고"(롬 6:8), "함께 고난 받고"(롬 8:17), "함께 십자가에 못 박히고"(롬 6:6), "함께 죽고"(롬 6:8; 고후 7:3), "함께 장사 지내고"(롬 6:4), "함께 부활하고"(골 2:12; 3:1), "함께 살림을 받고"(골 2:13; 엡 2:5), "함께 영광에 이르고"(롬 8:17), "함께 후계자가 되고"(롬 8:17), "함께 통치한 다"(딤후 2:12; 롬 5:17)라고 "그리스도와 함께"(with Christ)라는 표현을 강조함으로 성도들과 그리스도가 인간의 전 과정에서 연합되었음을 밝히고 있다. 성도들은 성육신(Incarnation)하신 예수님과 연합되었고, 그의 삶(Life)과 연합되었고, 그의 죽음(Death)과 연합되었고, 그의 부활(Resurrection)과 연합되었고, 그의 승천(Ascension)과 연합되었다. 그러므로 성도들은 예수 믿는 즉시 "영적인 존재"(Spiritual being)로 변화되었고, "영적인 존재"로 계속 살다가 예수님 재림 때에 부활체를 입은 "영적인 존재"로 영원히 삼위 하나님과 함께 살게 될 것이다. 따라서 성도의 영성은 성도의 활동을 통해 나타난 어떤 행위를 가리킬 때 사용할 수도 있지만 존재론적인 차원에서 접근해야만 한다. 성도들은 예수 믿는 즉시 "영적인 존재"가 되는 것이다.

그러므로 성도가 예수 믿고 행하는 모든 일은 "영적인 일"이라고 할 수 있다. 물론 죄를 짓는 일을 제외하고 모든 일을 다 포함하여 영적인 일이라고 할 수 있다. 왜냐하면 죄 짓는 일과 영적인 일은 공존할 수 없기 때문이다. 그런데 일반적으로 성도가 하는 일을 평가할 때도 이원론적으로 접근하는 경우가 허다하다. 대부분의 성도는 우리들의 "영"과 "몸"을 구분하는 이원론에 근거하여 "영적인 일"과 "세속적인 일"을 날카롭게 구분한다. 그래서 대부분의 성도들은 성도가 예배드리는 일, 전도하는 일, 기도하는 일은 영적인 일이라고 생각하고, 좀 더 범위를 넓혀서 생각하면 주일에 교회당 안에서 봉

사하는 모든 일은 영적인 일이라고 생각한다. 그러나 일반적인 성도들은 성도가 직장에서 하는 일이나, 집에서 청소하는 일, 설거지하는 일, 화장실 청소하는 일은 세속적인 일이라고 생각한다.

성경은 이처럼 성도의 행위를 이원론적으로 접근하지 아니한다. 하나님이 우리를 구원하실 때는 우리의 영혼뿐만 아니라 육신도 구원하여 주셨다. 그러므로 성도가 현재 입고 있는 몸체는 구원 받은 몸체이다. 하나님은 사람이 잉태하는 순간부터 죽는 순간까지 인간의 영혼과 몸을 따로 상대하시지 않는다. 그러므로 구원받은 성도가 하는 모든 일은 죄 짓는 일을 제외하고는 모두 "영적인 일"이라고 할 수 있다.

8. 어떤 삶을 신령한 삶이라 할 수 있나요?

　　성도의 영성(Spirituality)은 그가 성경이 가르치는 사랑을 어떻게 실천하며 사느냐에 달려 있다. 사랑은 성령(the Holy Spirit)의 은사가 아니요 성령의 열매이다. 사랑에는 항상 구체성이 뒤따른다. 하나님이 우리를 사랑하셨다는 말은 독생자 예수 그리스도를 보내주셨다는 사실에서 그 구체성이 나타나고(요 3:16), 그리스도가 우리를 사랑하셨다는 말은 그리스도의 십자가의 죽음에서 그 구체성을 찾을 수 있다(롬 5:8 : 빌 2:5-11). 드러몬드(Drummond)는 우리를 향한 그리스도의 사랑을 설명하면서 "사랑에 고생이 될 수 있는 것은 아무것도 없다. 아무것도 어렵지 않다. 나는 그리스도의 멍에가 쉬운 것이었다고 믿는다. 그리스도의 멍에는 바로 자신의 생명을 버리는 길이었다. 나는 그리스도에게 다른 어떤 길보다 그 길이 더 쉬운 길이었다고 믿는다. 나는 그리스도에게 다른 어떤 방법보다 그 방법이 더 행복한 방법이었다고 믿는다."(Henry Drummond, *The Greatest Thing in the World*. New York: Grosset and Dunlap, 1981, p.

26)라고 말한다. 그리스도의 십자가상의 고난과 죽음이 어찌 쉬운 길이었겠는가? 십자가의 길이 쉬운 길이었다면 예수님이 "내 아버지여 만일 할 만하시거든 이 잔을 내게서 지나가게 하옵소서 그러나 나의 원대로 마옵시고 아버지의 원대로 하옵소서"(마 26:39)라고 간청하셨겠는가? 성도들은 그리스도가 구체적으로 사랑을 실천하시면서 사신 것처럼 성도들도 매일 매일 사랑을 구체적으로 실천하면서 살아야 한다. 영적인 삶은 사랑을 구체적으로 실천하면서 사는 삶이다.

첫째, 성도의 영성은 인내(patience)**를 통해 나타난다.** 인내는 기다리며 참는 것이다. 인내는 사랑의 수동적인 특성이다. 인내는 하나님의 시간 스케줄을 기다리는 것이다. 인내는 시련을 참으며 화가 치밀어 올라올 때 참는 것이다. 인내는 다른 사람의 연약성을 보고도 참는 것이다(약 5:9). 그래서 예수님은 "너희가 내 이름으로 말미암아 모든 사람에게 미움을 받을 것이나 끝까지 견디는 자는 구원을 얻으리라"(마 10:22)라고 가르치신다.

둘째, 성도의 영성은 친절(kindness)**을 통해 가늠할 수 있다.** 고린도전서 13:4의 표현은 "사랑은 온유하며"로 되어 있지만 사실상 여기 사용된 온유는 "온유한 자는 복이 있나니"(마 5:5) 할 때의 온유(πραεῖς)와 다른 의미로 "친절"이란 뜻을 가지고 있다. 고린도전서 13:4의 친절(온유, πρηστεύομαι)은 바울이 단 한번만 사용한 특이한 용어이다(J. B. Smith, *Greek-English Concordance to the New Testament*. Scottdale: Herald Press, 1974, p. 374: section 5441).

친절은 사랑의 능동적인 특성이라고 할 수 있다. 친절은 상대방을 기분 좋게 하며, 마음을 편하게 해 준다. 친절은 상대방에게 전하는 말 한마디나 한 행동이 상대방의 마음을 편안하게 하고 즐겁게 해 주는 기능이 있다. 상대방을 사랑하는 때는 친절을 통해 상대방을 행복하게 만들 때이다.

셋째, 성도의 영성은 관용(forbearance)을 베푸는 것으로 드러난다. 관용은 투기와 반대되는 용어이다. 투기는 다른 사람과 경쟁 관계에 있을 때 나타난다. 그러나 관용은 상대방을 자기 품 안에 품는 행위이다. 성경은 "사랑은 허다한 죄를 덮느니라"(벧전 4:8)라고 가르친다. 상대방을 사랑하지 않고는 상대방에게 관용을 베풀 수 없다. 성도의 영성은 대적자를 위해 기도할 수 있는 가슴에서 확인된다.

넷째, 성도의 영성은 겸손(humility)한 행동을 통해 나타난다. 교만이 최악의 죄라면 겸손은 최선의 덕목이다(잠 16:18). 그래서 성경은 "사람의 마음의 교만은 멸망의 선봉이요 겸손은 존귀의 길잡이니라"(잠 18:12)라고 가르친다. 바울 사도가 "자기를 비어 자기를 낮추시고"(빌 2:7-8)라는 표현으로 그리스도의 십자가의 길을 묘사한 것은 바로 그리스도의 겸손을 설명한 것이다. 이런 겸손이 바로 우리를 향하신 그리스도의 십자가의 사랑으로 나타난 것이다. 결국 성도의 영성은 그리스도를 닮는 것이다.

다섯째, 성도의 영성은 예절(courtesy)을 지킴으로 실천된다. 상대방을 사랑하면 상대방에 대해 예의범절을 지키며 살게 된다. 성도의 영성은 무례한 행동을 하지 않는 데서 나타난다. 예절은 사회생활 속에서 나타나는 사랑의 특성이다. 공공기물을 깨끗하게 사용하는 것은 다음에 사용할 사람에 대한 사랑의 표현이며, 줄을 설 때 새치기하지 않는 것은 줄을 서 있는 사람들에 대한 사랑의 표현이다. 성도의 영성은 어른을 어른으로 대우하고 예절을 지키는 모습에서 확인된다.

여섯째, 성도의 영성은 이기적인 생각(selfishness)**을 하지 않는다.** 사랑은 개인적인 이익을 위해서는 전혀 관심을 쓰지 않는다. 때로 자기 부인도 그 자체로 아무것도 아닌 경우가 있다. 왜냐하면 더 큰 것을 위해 자기 부인을 하는 경우가 있기 때문이다. 그리스도의 십자가의 길은 이타적인 삶의 모습이다. 행복은 소유하는 데 있지 않고 주는 데 있다(행 20:35). 성도의 영성은 이기적이지 않고 이타적이다.

일곱째, 성도의 영성은 온순한 성품(meekness)**을 통해 드러난다.** 온순한 성품은 부드러우면서도 강인한 성품을 뜻한다. 성미 급한 것은 인간 본성의 가장 파괴적인 요소 중의 하나이다. 거의 완벽한 성품의 소유자일지라도 성미가 급하여 화를 속히 내면 모든 것이 허사로 돌아가고 만다. 성도는 10년 쌓아 올린 탑을 일순간의 분노로 허물 수 있다는 것을 알아야 한다. 급한 성미의 사람은 천국 안에 있는 모든 사람을 비참하게 만들고 천국 밖에 있는 사람들이 천국에 들어오는 것을 막고 있는 장애물 역할을 한다. 영성이 풍부한 성도는 분노를 쉽게 내지 않는다.

여덟째, 성도의 영성은 정직한 생각(honesty)**을 중요하게 생각한**

다. 정직은 동기가 불순하지 아니하고, 밝은 면을 바라보며, 모든 행위를 가장 좋게 평가하는 것이다. 정직한 사람의 주변에서는 사람들이 안도감을 갖게 되고, 마음이 즐겁고 느슨해지며, 많은 격려를 받게 된다. 영성이 풍부한 성도의 주변에는 좋은 사람들이 많이 몰리게 되어 있다.

아홉째, 성도의 영성은 진리(truth)**를 기뻐하게 되어 있다.** 영성이 풍부한 사람은 상대방을 이용해서 자기의 유익을 구하지 않는다. 그리고 상대방의 약점을 들추어 내지 않고 바른 심성을 가지고 상대방과 관계를 유지한다. 성도의 영성은 항상 진리의 기준에 따라 행동하고 판단하는 것이다. 진리는 하나님의 말씀으로(요 17:17) 성도를 자유하게 만든다(요 8:32).

이처럼 성도의 영성은 어떤 특별한 성령의 은사를 소유했느냐 그렇지 않느냐에 따라 판단되는 것이 아니요, 오히려 성도의 삶 속에서 성령의 열매가 얼마나 실천되고 있느냐에 따라 평가된다. 따라서 성도는 성령의 은사를 추구하는 것도 필요하지만 특별히 성령께 의지하여 성령의 열매를 실행하며 살도록 노력해야 한다. 바로 이런 삶이 신령한 삶이요 그리스도의 삶을 닮아가는 삶이다. 예수 그리스도는 인내하셨고, 친절하셨고, 관용을 베푸셨고, 겸손하셨고, 예의범절을 지키셨고, 자기를 희생하셨고, 온순한 분이셨고, 거짓을 미워하셨고, 그리고 진리 안에서 사는 삶을 사셨다.

9. 성령의 은사를 받은 사람도 죄를 짓나요?

성도(聖徒)라는 말은 거룩한 무리들이라는 뜻이다. 그러므로 예수 믿는 사람을 가리켜 "성도"라고 부르는 것은 예수 믿는 사람들이 "거룩한 무리"가 되었다는 뜻이다. "거룩하다"라는 말은 흠결이 없다는 뜻이다. 그러면 예수 믿는 사람들은 도덕적으로 흠결이 없는 사람들인가? 이 질문에 대한 답은 "아니요"이다. 예수 믿는 사람들 역시 흠결이 많은 죄인들이기 때문이다. 그러면 왜 예수 믿는 사람들을 가리켜 "성도"라고 부르는가? 그 이유는 사람이 예수를 믿음으로 존재적으로 거룩한 사람이 되었기 때문에 "성도"라고 부르는 것이 아니요, 예수님이 그의 죽음과 부활을 통해 성취하신 "거룩"을 하나님이 우리들의 것으로 인정해 주셨기 때문이다. 교회는 거룩한 백성들의 모임이다(벧전 1:16; 2:9). 예수님께서 교회를 물로 씻어 거룩하게 하셨다(엡 5:26-27). 발즈(Balz)는 "'거룩'은 신자들의 상태(state)나 특질(quality)을 가리키지 않고, 그들을 이 세상으로부터 옮겨서 하나님을 위해 구별되게 함으로 그리스도에게 속한 상태가 된 것을 가리킨다(골 1:12-14). 하나님을 통해 그리스도께서 신자들을

9. 성령의 은사를 받은 사람도 죄를 짓나요? **199**

위해 의로움, 거룩함, 구속(고전 1:30)이 되셨다. 신자들은 그들 스스로의 구원을 만들지 않았다.”(H. Balz, “ἅγιος: holy,” *Exegetical Dictionary of the New Testament*, Vol. 1. Grand Rapids: Eerdmans, 1990, p. 19.)라고 바로 설명한다. 그러므로 성도들의 거룩은 “전가된 거룩”(imputed righteousness)을 가리키는 것이지, 성도가 거룩한 존재로 변화되었기 때문이 아니다. 따라서 성도들은 현재의 몸체를 가지고 존재하는 기간에는 흠결이 있을 수밖에 없고, 죄를 지을 수밖에 없는 형편에 있는 것이다. 그래서 성도들을 가리켜 죄인이면서 동시에 의인이라고 부르는 것이다.

그러면 보통의 성도들은 죄를 지을 수밖에 없는 형편에 처해 있다 치더라도, 신앙생활을 열심히 하면서 성령의 특별한 은사들을 소유한 성도들의 경우는 어떠한가? 우리들은 성령의 고귀한 은사들을 소유한 성도들은 흠과 허물이 없을 것으로 기대한다. 하지만 성령의 은사들을 소유한 성도들이라고 해서 자동적으로 완벽해지진 않는다. 성도가 성령의 은사들을 받았다고 해서 존재론적으로 완벽해지지 않는다. 아무도 현재의 몸체를 지니고 사는 기간에는 죄와 무관할 수 없다. 오히려 성령의 은사들은 인간의 연약성과 함께 공존한다. 영적인 은사를 받은 성도들은 성령의 은사와 함께 그들의 결함을 함께 소유하고 있다. 성령의 은사를 받는 것과 결함이 없는 것은 서로 다른 문제이다. 슈레이너(Schreiner)는 영성을 소유한 성도일지라도 권면과 명령으로부터 자유 할 수 없다고 말한다. 그는 바울도 성도가 완벽하지 않음을 알고 있었고, 영성을 가진 성도들도 “아직은 아닌"(not yet) 세상에서 그들이 부활할 때까지 살고 있음을 인식하고 있었다고 정리한다(Thomas R. Schreiner, *Paul: Apostle of God's Glory in Christ*. Downers Grove: IVP Academic, 2001, p. 329).

그리고 성도들은 받은 은사들을 잘못 사용할 때가 많이 있다. 성도들은 거짓된 야망이나 허영, 자신을 높이는 잘못된 생각, 그리고 자신의 우월감 등을 위해 자기가 받은 영적 은사들을 잘못 사용할 때가 있다. 과거의 역사를 살펴 보면 우리는 한때 위대했던 성도들의 생애가 엄청난 결점들로 얼룩져 있었다는 사실을 발견하곤 한다. 아브라함(Abraham)도 흠결이 있었고(창 12:10-20: 20:1-2), 모세(Moses)도 흠결이 있었고(출 2:11-12), 다윗(David) 왕도 흠결이 있었으며(삼하 11:2-17), 베드로(Peter)도 흠결이 있었다(마 26:70, 72, 74-75). 성경에 기록된 성도들은 모두 흠결이 있는 사람들이었다. 오로지 예수 그리스도만이 전혀 흠결이 없는 분이셨다. 예수님은 완전한 하나님이시요, 완전한 사람이셨다.

교회는 이런 불완전한 사람들로 구성된 믿음의 공동체이다. 만약 어떤 성도가 자신이 섬기는 교회는 불완전하기 때문에 완전한 교회로 옮겨가야 하겠다고 생각한다면 그 성도가 옮겨갈 교회는 지구상에 존재하지 않는다. 지구상에 존재하는 어떤 교회도 100% 완전할 수는 없다. 모든 성도들은 흠이 있고 죄를 지을 가능성을 지니고 산다. 지상의 교회는 완벽한 의인들의 모임이 아니요 죄인들의 모임이며, 하나님 나라는 의인들이 가는 곳이 아니요 회개한 죄인들이 가는 곳이다. 그럼에도 불구하고 예수를 구주로 믿는 사람들은 당연히 성도들이라고 불려야 한다. 그 이유는 성도가 소유한 "거룩"이 예수 그리스도가 성취하신 것이기 때문이다. 교회가 흠결이 많은 사람들의 모임이기 때문에 교회 내에 문제가 없을 것을 기대할 수가 없다. 심지어 거짓 선지자, 거짓 영들이 교회를 어지럽게 하며, 교회 지도자들은 개인적으로 잘못된 동기로 교회를 인도해 나가는 경우도 있다. 심지어 어떤 교회 지도자는 자신이 교회의 주인인 것처럼 행동하는 경우도 있다. 그러나 교회의 주인은 예수 그리스도이심을 알아야 한다. 교회가 성도들의 모임인 이유는 성도들 한 사람, 한 사람이 거룩하게 되었기 때문이 아니요, 예수님이 그의 십자가의 죽음과 부활을 통해 성취한 거룩이 성도들의 거룩으로 전가되었기 때문이다.

이처럼 예수를 믿는 보통의 성도들은 물론이거니와 성령의 고귀한 은사를 받은 사람들도 그들의 삶이 자동적으로 흠이 없게 되지 않음을 볼 수 있다. 성령의 특별한 은사들을 소유했다고 해서 성도들의 모습이 그리스도를 닮은 모습으로 완전하게 변하는 것은 아니다. 오히려 참된 영성(靈性)은 놀라운 영적 은사를 체험함으로 나타나지 않고, 성령께서 자신의 사역을 하실 수 있도록 순종할 때 우리를 통해 나타난다.

우선 이 질문에 대한 답은 성경이 동성 결혼을 지지하지 않는다는 것이다. 결혼 문제와 관련하여 예수님은 남자와 여자가 결혼하여 가정을 이루게 된다고 명백하게 말씀하신다. 바리새인들이 아내를 버리는 것이 옳은 것인지 예수님에게 질문을 할 때 예수님은 명명백백하게 "사람을 지으신 이가 본래 그들을 남자와 여자로 지으시고 말씀하시기를 그러므로 사람이 그 부모를 떠나서 아내에게 합하여 그 둘이 한 몸이 될지니라 하신 것을 읽지 못하였느냐 그런 즉 이제 둘이 아니요 한 몸이니 그러므로 하나님이 짝지어 주신 것을 사람이 나누지 못할지니라"(마 19:4-6, 개역개정)라고 부모와 자녀의 관계보다 남편과 아내의 결혼 관계가 우선적인 관계임을 밝히고 결혼은 남자와 여자가 결혼하는 것이라고 분명히 한다. 남자와 여자가 결혼하여 가정을 이루는 제도는 이미 창조의 원리와 계획 속에 설계된 정상적인 방법이다. 하나님은 인간을 창조하실 때 남자를 먼저 창조하시고(창 2:7-8), 남자가 혼자 사는 것이 좋지 아니함을 보시고 남자를 돕는 배필로 여자를 창조하신 것이다(창 2:18-19). 이렇게 하나님은 아담(Adam)과 하와(Eve)를 부부로 창조하신 후 하나님의 창조질서 속에서 결혼제도가 계속 이어지게 될 것임을 "이러므로 남자가 부모를 떠나 그의 아내와 합하여 둘이 한 몸을 이룰지로 다"(창 2:24)라고 말씀하심으로 확인하고 계신다. 성경의 교훈은 남자와 여자가 결혼하여 가정을 이루는 것으로 분명히 가르친다. 칼빈(Calvin)은 "태초부터 하나님은 남편을 여인에게 결합시키므로 둘이 완전한 사람이 되게 하셨다. 그러므로 사람이 그의 아내를 이혼시키는 것은 그 자신의 절반을 자신으로부터 찢어내는 것이다. 남자가 자신의 몸을 찢어 흩어지게 하는 것은 본성에 반대되는 것이다."(John Calvin, *A Harmony of the Gospels Matthew, Mark and Luke*, Vol. II. Grand Rapids: Eerdmans, 1975, pp. 243-244)라고 결혼은 남자와 여자가 하는 것이 창조의 질서요 함부로 이혼하는 것은 성경적인 교훈에 역행하는 것이라고 설명한다. 하나님은 남자에게는 남자만이 가질 수 있는 특성을 주시고, 여자에게는 여자만이 가질 수 있는 특성을 허락하셔서 남자와 여자를 창조하신 것이다. 그리고 하나님은 이런 결혼 제도를 통해 사람들의 후손이 계속 이어지도록 계획을 세우시고 진행시키신 것이다. 하나님은 부모들의 사랑의 관계를 통해 자녀들이 출생할 수 있도록 계획을 세우신 것이다. 하나님은 남자와 여자가 결혼을 하여 가정을 이루는 것은 자녀를 출산하고 생물학적인 혈족 관계가 계속될 수 있도록 계획하신 것이다.

그런데 아담과 하와가 범죄 함으로 하나님이 계획하신 하나님과 인간의 관계와 인간과 인간의 관계가 뒤틀려지게 되었다. 동성결혼은 인간의 타락으로 인해 나타난 현상이지 하나님의 창조 계획의 일부가 아니다. 성경은 죄의 결과로 잘못된 결혼 관계가 있을 것을 예견하고 그 부분에 대해 통렬하게 비판하고 있다. 바울은 "하나님께서 그들을 마음의 정욕대로 더러움에 내버려 두사 그들의 몸을 서로 욕되게 하게 하셨"(롬 1:24)기 때문에 인간이 하나님의 진리를 거짓 것으로 바꾸고(롬 1:25), "여자들도 순리대로 쓸 것을 바꾸어 역리로 쓰며 그와 같이 남자들도 순리대로 여자 쓰기를 버리고 서로 향하여 음욕이 불 일듯 하매 남자가 남자와 더불어 부끄러운 일을 행하여 그들의 그릇됨에 상당한 보응을 그들 자신이 받았느니라"(롬 1:26-27, 개역개정)라고 동성 결혼이 인간의 죄의 결과로 나타난 현상임을 밝히고 따라서 여자와 여자가 또 남자와 남자가 한 몸을 이루는 부끄러운 일을 하게 되었다고 가르친다.

그런데 현대사회에서 성경의 가르침과는 반대로 동성끼리 함께 생활한다거나 동성끼리 결혼을 하는 경향이 전 세계적으로 용납되어 가는 현상을 우리는 보고 있다. 미국 연방법원에서 동성결혼 금지법이 위헌이라고 판결한 사건(2013년 6월 26일)은 하나님께서 남자와 여자가 한 몸이 될 것을 명하셨지만, 미국 연방법원은 남자끼리도, 여자끼리도 한 몸이 가능하다고 반기를 든 것이다. 퓨(Pew) 리서치 센터가 2012년 7월에 발표한 동성애 관련 보고서에 따르면 미국 내 한국인 40%, 일본인 68%, 필리핀계 63%, 중국계 55%, 그리고 인도계 49%가 동성애를 지지하고, 미국 전체적으로 56%가 동성애를 지지하는 것으로 나타났다.

한국 사회에서 자주 언급되고 있는 "차별금지법(差別禁止法)은 헌법의 평등 이념에 따라, 성별, 장애(신체조건), 병력, 외모, 나이, 출신 국가, 출신 민족, 인종, 피부색, 언어, 출신 지역, 혼인 여부, 임신 또는 출산, 가족 형태 및 가족 상황, 종교, 사상 또는 정치적 의견, 범죄 전력, 보호 처분, 학력, 사회적 신분 등을 이유로 한 정치적, 경제적, 사회적, 문화적 생활의 모든 영역에 있어서 합리적인 이유 없는 차별을 금지하는 법률이다." 차별금지법은 그 이름의 뜻으로만 이해한다면 성경의 교훈과 일치한다. 성경은 모든 사람이 하나님 앞에서 인격적으로 동등함으로 차별을 해서는 안 된다고 가르친다. 그런데 2020년 6월 29일에 정의당 장혜원 의원이 대표 발의한 "포괄적 차별금지법"은 정당한 비판과 부정적 평가를 매우 광범위하고 포괄적으로 규제하고 있다. 그 결과 방송이나 신문이나 소셜 미디어에서 동성애를 비판할 수 없고 교회에서 목사가 설교하면서 동성애를 비판하거나 그 죄성을 지적할 수 없게 된다. 신학교 강의실에서 교수가 동성애를 비판할 수 없게 된다. 교회가 목사를 모실 때 동성애자라는 이유로 거부할 수 없게 되고, 신학교에서 교수를 채용할 때 동성애자라는 이유로 거부할 수 없는 지경에 이르게 된다. 잘못된 차별금지법은 동성애에 대해 긍정적인 평가만 가능하게 만들고 동성애에 우호적인 환경만을 조성하게 만든다.

그러나 성경은 남자와 여자를 인격적으로 차별을 해서는 안 된다고 가르치지만 남자와 여자가 모든 면에서 동일하다고 가르치지 않는다. 차별금지법의 원래 취지는 동성결혼을 찬성하는 논리는 아니다. 그런데 차별금지법의 원래의 정신을 흐리는 혼란 속에서 인권이

206 목사님, 이것이 궁금해요!

라는 이름으로 잘못된 여론몰이를 하여 동성결혼을 찬성하는 것은 지극히 잘못된 것이다. 동성결혼과 동성애가 명백한 죄임을 우리는 본성으로 알 수 있고, 그리고 기록된 하나님의 말씀은 명백하게 그런 삶의 행태가 잘못된 것임을 가르치고 있다. 그런데 타락한 인간은 인권이라는 가면을 쓰고 악한 동기로 하나님을 거슬러 인류 파멸의 길로 가려고 하는 것이다. 칼과 칼집은 하나의 세트이지만, 칼과 칼은 두개의 칼이다. 법과 제도로 두 개를 하나라고 하는 것은 거짓이며, 악이며, 진리를 떠난 것이다. 남자와 남자는 한 몸이 될 수 없다. 여자와 여자도 한 몸이 될 수 없다. 성경은 동성연애도 동성결혼도 지지하지 않는다.